Elles croyaient qu'elles ne vieilliraient jamais

Régine Lemoine-Darthois
Élisabeth Weissman

Elles croyaient qu'elles ne vieilliraient jamais

Les filles du baby-boom
ont 50 ans

Albin Michel

22, rue Huyghens, 75014 Paris

www.albin-michel.fr

ISBN 2-226-11688-5

Avant-propos

Un bel après-midi d'automne. Un salon de thé. Deux femmes ignorant Saint-Germain-l'Auxerrois et le Louvre radieux sous leurs yeux tant elles sont passionnées par leurs propos : « Quand, dans mon métier de journaliste, j'évoque la cible des 50 ans, on me fait taire ! » dit la journaliste. « Quand je veux faire prendre conscience de la réalité des femmes mûres, je me fais jeter », répond la femme de marketing. « Alors pourquoi cette omerta ? disent-elles en chœur. On devrait écrire un livre ! » Et c'est comme ça que tout a commencé.

Nous voilà donc parties en enquête pour constater et comprendre l'origine de cette omerta et du malaise qu'elle cachait. L'idée était qu'il y avait en effet comme un malaise du côté des cinquantenaires[1]. Malaise individuel, malaise social. Ceci expliquant cela. Cinquantenaires inédites, se sen-

1. Nous savons que le terme « cinquantenaire » est impropre. Nous l'avons cependant préféré à l'expression « quinquagénaire », trop dure à entendre.

tant encore jeunes à l'aube de cet âge de l'entre-deux, entre chien et loup, entre une séduction quelque peu déclinante et l'irrésistible sentiment qu'il reste pourtant encore de belles années à vivre et à inventer avant le classement du côté des vieux. Dix-quinze ans à tenir, dans une sorte de *no woman's land*, en attendant de réapparaître une fois les armes rendues, définitivement rangées parmi les seniors, pour cause de retraite avérée du champ de la séduction. Et puis cette autre idée... le sentiment diffus que quelque chose clochait dans cette société pour les « inclassables » que sont les cinquantenaires. Trop jeunes pour être vieilles, trop vieilles pour être jeunes, ne remplissant plus à coup sûr leur devoir de beauté, devenues transparentes aux yeux de la société, elles qui croyaient qu'elles ne vieilliraient jamais. Alors, bien sûr, nous avons mené l'enquête pour savoir si nous étions dans le vrai, dans le faux, bref pour vérifier, comme on dit, les hypothèses de départ.

Nous avons demandé à toutes les femmes que nous avons rencontrées pour nourrir ce projet d'écriture ce qu'elles pensaient de notre initiative. Un comble, direz-vous, que de demander à celles qu'on interviewe de justifier à notre place les raisons de notre démarche. Alors, pas assez grandes, les filles, pour savoir ce qu'elles ont à faire ? Pas sûres d'elles ? Besoin d'être rassurées ? Que nenni. Juste un hameçon lancé pour ramener du poisson. Il y en eut. « Enfin, un livre sur nous, enfin un tabou qu'on enfonce ! » Tel fut leur cri du cœur. Plaisir, soulagement, dévoilement. C'est ainsi que nous partîmes le cœur léger pour notre campagne cinquantenaire.

Restait à définir le champ de l'enquête. De quelles femmes de 50 ans allions-nous parler ? Toutes les femmes ? Impossible. Trop vaste. On n'allait pas réécrire l'histoire du monde, même pas celle d'une partie de la moitié de l'humanité.

Nous n'allions pas non plus parcourir la planète. Nous nous sommes limitées et avons opté pour un champ plus restreint : la femme de 50 ans française. Une facilité, direz-vous, eh bien non, c'était un choix optimal. Des études menées sur les femmes de vingt-quatre pays par Risc International, l'une des premières sociétés d'études socioculturelles dans le monde, montrent qu'en termes de valeurs, la femme française est la plus « universelle », celle qui incarne toutes les valeurs féminines. Cela ne nous a pas empêchées d'aller ailleurs juste pour voir si l'herbe des femmes de 50 ans y était plus verte. Enfin, dans quelles classes sociales devions-nous aller chercher nos femmes de 50 ans ? La décision fut difficile. Il était aussi passionnant qu'ambitieux d'étudier toutes les catégories sociales. Il était tout aussi passionnant et risqué de n'en choisir qu'une : c'est pourtant le parti que nous avons pris. Ce choix repose sur le constat que l'âge de 50 ans est un âge difficile et que si nous voulions le voir clairement apparaître, il fallait être devant un phénomène le plus « pur » possible, c'est-à-dire le moins affecté par des difficultés économiques et sociales. Nous avons donc choisi de nous concentrer sur les femmes à capital économique et culturel élevé. Et, pour mieux cerner encore la spécificité générationnelle des femmes du baby-boom, nous avons interrogé des femmes diplômées, actives, femmes de pouvoir pour certaines. Nous sommes parties du principe que c'était parmi elles que devaient se recruter les femmes qui avaient été les plus sollicitées par la mouvance des années 68-70, les plus susceptibles aujourd'hui d'aborder la cinquantaine avec l'empreinte de leur génération. Les femmes interviewées à propos de leurs 50 ans ont donc été sélectionnées en fonction de leur niveau d'études (elles ont un niveau d'études supérieures, ce qui, dans leur tranche d'âge, ne représente que 10 % de la population), de leur activité (elles travaillent presque toutes ou ont des activités rémunérées), de leur niveau de vie (elles sont ou ont été dans la tranche des 10 % de revenus les plus élevés).

Elles ne sont donc pas représentatives de la population française des femmes de 45-55 ans. Mais, en revanche, elles ont une conscience très développée de leur image et des problèmes qui lui sont liés. Les femmes les plus interpellées aujourd'hui par l'âge se recrutent parmi celles qui sont le plus souvent en contact avec l'extérieur, vivant sous la pression de la compétition sociale et économique. Elles seules pouvaient nous permettre de décortiquer le système qui lie la perception de soi, l'image que l'on donne aux autres et la représentation de la femme de 50 ans dans la société. Ce parti pris ne nous a pas empêchées d'interroger quelques femmes de milieux moins favorisés, ne serait-ce, là encore, que pour mieux croiser les analyses. Lapalissade enfin, à prendre en considération : nous n'avons interrogé que les femmes qui voulaient bien parler. Certaines femmes ont en effet refusé l'entretien, estimant n'avoir rien à dire ou ne voulant rien dire. Comment savoir ? Autre catégorie de « refusantes » : des femmes à haute visibilité, patronnes de presse féminine, députées, actrices... Peur du *coming-out* ?

Nous nous sommes constamment référées à deux sources : les experts, sociologues, responsables d'entreprise, historiens, psychanalystes, médecins et, bien sûr, les femmes de 50 ans elles-mêmes.

Le propos, direz-vous, est égocentré. Certes. Les femmes concernées parlent d'elles-mêmes. Pardon aux femmes plus jeunes ou moins jeunes de ne pas les avoir invitées. Pardon aux hommes aussi, que nous avons délibérément ignorés. Pardon aux hommes de 50 ans tout particulièrement, qui mériteraient eux aussi un livre à part entière. Car n'allez pas croire que leur âge les tienne éloignés de la crise du milieu de vie. Mais ce sont les femmes que nous voulions entendre, elles seules, dans leur subjectivité la plus totale. Cinquante ans vécus par celles qui les vivent.

Voici donc cette plongée au pays de la femme française de 50 ans, non représentative, mais emblématique de la génération du baby-boom. Un pays qui, disons-le sans détours, se présente d'abord comme étant celui de *tous les effondrements*. Nous y voilà, et pardon si la rudesse des propos qui vont suivre peut en choquer certaines. Vous allez retrouver tout au long de ces pages des termes qui peuvent faire mal : deuils, pertes, exclusion, rejet. Des mots qui pèsent des tonnes, qui cognent. Des descriptions réalistes pour ne pas dire hyperréalistes. La réalité comme les femmes se la racontent entre amies mais comme vous ne l'aviez peut-être encore jamais lue. La réalité qui ne fait pas de la cinquantaine ce nouvel âge d'or, comme on le lit si souvent dans des ouvrages dithyrambiques sur la belle cinquantaine. À 50 ans, disent-elles en effet et non sans humour, tout s'effondre. Les tissus, les chairs, les fesses, les seins, les cuisses, le haut des bras, le ventre... et de fournir au passage force détails. Mais il n'y a pas que les chairs qui s'effondrent... Les illusions aussi et tous les possibles que leur avaient donnés dame Nature en les faisant femme plutôt que garçon, dame Histoire en les faisant naître après la guerre. Cinquante ans, une petite mort, pas l'orgasme, comme disaient les libertins, non, l'âge dangereux, comme dit Simone de Beauvoir. Voilà, ce sont leurs propres termes que nous allons vous livrer tout crus. Nous avons enquêté, interrogé, sondé, ironisé, analysé, fait parler et conclu que la cinquantaine aujourd'hui était un sacré cap à passer. Elle n'est plus ce qu'elle fut il y a vingt ans, certes, les femmes y arrivent encore toutes fraîches, du moins avec l'esprit frais et tout à fait clair, mais elle n'en est pas drôle à vivre pour autant. Pourquoi ? parce que la société n'a pas encore intégré cette nouvelle race de femmes qui arrivent à 50 ans, jeunes et vieilles à la fois. Alors, pas question pour nous d'emballer les 50 ans et la ménopause dans du papier de soie. Cette affaire-là est une sale affaire, un sale moment à passer ! Alors, que faire ? se taire ? attendre sagement que ça passe ? Nous avons préféré le scénario de la vérité, sinon pourquoi ce livre ? Nous avons décidé de mettre cartes sur table et les ovaires avec, avant qu'ils ne disparaissent définitivement, remerciés par les ans. Tout dire des outrages du temps sur la peau, le corps et le cœur. Car foutues années que ces années de deuil, qui cumulent tant de pertes et de départs et marquent pour de bon le temps du bilan ; eh toi, qu'as-tu fait de ta vie ? Ne croyez pas que ça fasse mal de se poser ce genre de questions. Ce qui fait mal, au contraire, c'est de ne pas se la poser. Chaque vie est un chef-d'œuvre à condition qu'on revendique un minimum d'emprise sur son cours. Et voilà où nous voulions en venir, c'est qu'à 50 ans rien n'est fini. Loin de nous l'envie de crier victoire – quel bonheur d'avoir 50 ans !– et de chanter les louanges de ce nouvel âge d'or qui s'annonce. Mais juste de dire qu'il reste encore beaucoup, beaucoup d'années à vivre et de la vie à inventer. Et cette fois en toute clarté. Car, à 50 ans, on ne vous la fait plus. Voilà ce qui peut changer le cours des choses.

Alors, bienvenue aussi au pays de *tous les éclaircissements.* Ça fait mal de vieillir, c'est dur à avaler, à digérer, certes, mais quand on a fait ce travail-là d'intégration, d'acceptation, quel bonheur d'y voir clair, pas seulement en soi, mais en tous les autres, en la vie, en l'avenir, sans illusions mais en toute conscience et parfaite connaissance de cause. La voie du remaniement peut alors se tracer. C'est peut-être ça finalement la vraie puissance. Puissance de l'esprit contre puissance du corps. Jolie revanche pour les cinquantenaires. Car force est de constater que toutes les femmes qui, pour les besoins de notre enquête, ont accepté de parler d'elles, de leurs 50 ans, de leur passé, de leurs enfants, de leurs amours, de leur corps, de leur cœur, de leur âme, ont témoigné de la même lucidité vis-à-vis d'elles-mêmes. Maniant l'ironie lorsqu'il s'agissait d'énumérer les méfaits corporels de l'âge, parlant d'elles avec une infinie vérité. Qu'elles en soient ici toutes remerciées.

1.

Cinquante ans d'histoire(s)

Avril 2000. Paris. Au volant de sa polo, Sophie, 50 ans, consultante, quatre enfants de 27 à 9 ans, un mari charmant mais peu présent... Assise à côté d'elle, sa copine Catherine, un an de plus. Antiquaire. Deux enfants de 17 et 19 ans, un ex-mari qui a pris le large. Belles femmes, bons métiers, vies de femmes libérées. Elles partent pour un week-end à Deauville. À l'entrée du périphérique qui doit les mener sur l'autoroute de Normandie, coup de klaxon d'un poids lourd. Elles lèvent la tête : « Serait-ce pour nous, ce coup de klaxon du mâle pour femmes en goguette ? » pensent-elles en même temps, et c'est alors qu'elles éclatent de rire ! Mais non voyons, le coup de klaxon n'était destiné qu'à la voiture de devant, qui ne démarrait pas assez vite. Quelle méprise ! « Tu vois, dit Catherine, c'est fini. On ne nous klaxonne plus... il faut se faire une raison. » Raison d'âge... Et c'est ainsi que nos baby-boomeuses frappées de cinquantaine découvrirent pour de bon, ce jour-là, que leur jeunesse avait bel et bien « foutu le camp ». Fini ces sifflements du mâle anonyme, de l'ouvrier, du maçon, du couvreur qui, jadis, du temps de leur splendeur, les auraient fait sortir de leurs gonds de féministes ! Mais face aux témoignages masculins rendant hommage aux charmes féminins, on ne réagit pas de la même façon selon que l'on est jeune ou moins jeune. Et voilà que, quelques années plus tard, des rides et de l'humour en plus, elles en viendraient presque à appeler de leurs vœux ce genre de manifestations leur rappelant qu'elles ont « encore » de beaux restes... comme on dit ! Toute une histoire, celle d'une génération de femmes qui naquit après-guerre, conquit tous les droits et découvre aujourd'hui la cinquantaine dans une société qui n'aime pas l'idée que la jeunesse n'est pas éternelle ! Alors se pose pour elles une nouvelle question, celle de la confrontation avec l'âge. Elles qui ont amassé tant d'expériences pour libérer leur jeunesse, seront-elles aujourd'hui aussi puissantes qu'elles le furent alors pour « libérer » la maturité ?

Une enfance sage

Flash-back. Avril 1955. Paris. Sophie, notre baby-boomeuse, n'a que 5 ans. Pensez à *Jeux interdits*, regardez des photos anciennes. Et vous la voyez comme si vous y étiez, dans sa petite robe-tablier dont les bretelles volantées se croisent dans le dos. Elle traîne un ours en peluche tout raide et un peu râpé que son frère de 3 ans tente de lui arracher. Heureusement, la petite dernière, ayant avalé un biberon selon un horaire militaire (toutes les trois heures, faim ou pas faim), dort paisiblement dans son moïse. Belle famille de trois enfants, issus du baby-boom, « cette formidable explosion démographique d'après-guerre qui verra naître » le plus grand nombre d'enfants vivants depuis le début de l'histoire de l'humanité [1]. Jean-Paul Dubois, dans *Le Nouvel Observateur*, décrit ainsi les « circonstances » de la naissance des baby-boomeurs après la guerre : « Prudents, ils attendirent donc la Libération, puis l'épuration, et surtout la fin des rations. C'est alors qu'ils naquirent. Par nuées entières, pareils à des lucioles en été. Si bien que le pays et la planète donnèrent un nom d'explosion à cette historique éclosion : le baby-boom. C'est en réalité un nuage de sauterelles qui s'abattit sur le monde, une génération vorace et spontanée, immaculée, miraculée aussi, conçue à la fin des peurs et au retour des pères, débarrassée des morts et du remords, élevée dans l'idée qu'elle allait durer et, pourquoi pas, régner pour une sorte d'éternité. »

Sophie, ignorant le destin exceptionnel auquel sa génération va être vouée, joue dans le jardin. Commencent pour elle et toutes « ses sœurs » une enfance et une adolescence à l'ombre des traditions morales héritées de l'après-guerre mais qui, dans la floraison des Trente Glorieuses, vont être sérieusement chamboulées. Moteur...

1. C. Collange, *Toi, mon senior*, Le Livre de poche.

Maman, née en 1920, va vivre dans les années d'après-guerre des améliorations certes un peu désordonnées mais qui, de jour en jour, vont lui rendre la vie ô combien plus agréable et plus facile. La vie domestique en deviendrait presque un conte de fées. Désormais, maman a son réfrigérateur, sa machine à laver, son aspirateur, son robot ménager, et, comble du luxe... sa cuisine en Formica. Parce que, bien sûr, tout ce magnifique confort n'est fait que pour elle, tant la « cuisine » est encore son domaine. Banal aujourd'hui ? Mais, à l'époque, cela veut dire, pour nos baby-boomeuses, nourriture fraîche et saine, maison impeccable et sans corvées. Fini la paille de fer sur les parquets, fini la lessive à la main. Les mères, libérées de leur travail de bête de somme, peuvent enfin devenir les éducatrices de leur progéniture et redevenir des modèles de féminité en adoptant le style *New Look*[1] : tailles étranglées par des jupes en corolle qui cachent le genou, ventres comprimés dans des gaines jarretelles, silhouettes haut perchées sur des talons aiguilles. La petite fille en robe empesée a une bien jolie maman... Et les loisirs ! transistors, tourne-disques, appareils photo, sports d'hiver et joies du direct à la télévision. Le grand frère drague sur sa Vespa, papa emmène la famille au bois dans sa DS 19. En dix ans, les parents de nos baby-boomeuses sont passés des tickets de rationnement aux supermarchés, ce qui provoque des conduites consuméristes parfois para-

1. On lira à ce propos le très joli livre *Souvenirs, souvenirs* de Françoise Duhamel, Albin Michel, 1997.

doxales. Sortant d'une jeunesse de pénurie et de contrainte, et pour certains de lutte et d'insoumission, ces jeunes parents sont clairs : « plus jamais cela », nos enfants connaîtront l'abondance, le progrès, la paix. Fini le rationnement, toujours plus, toujours mieux. Pour vous, nos petits, rien ne sera trop beau, vous n'aurez jamais ni faim ni froid et le Père Noël passera tous les ans. Alors, on les inonde d'objets neufs, de poupées, de Meccano, de patinettes et de sucettes, mais on les persécute pour un morceau de pain malencontreusement jeté (on ne jette pas le pain), pour un grain de café malencontreusement tombé (on ne fait pas tomber les grains de café, et si cela arrive, on les ramasse un par un) : la guerre et ses souvenirs de privations ne sont pas loin... « Mon enfance a été un récit sans cesse répété sur les privations de la guerre, raconte Béatrice. Ma mère et sa mère et ses amies parlaient de la faim, malgré les cartes de rationnement J3 (elles marchaient pour les 14-21 ans), et du dégoût pour les ersatz, le café avec des glands, les gâteaux faits avec des pommes de terre râpées, le chocolat fait avec des châtaignes, les rutabagas. »

Souvenons-nous de ce qu'ont vécu les parents de nos petites boomeuses... Ils avaient 20 ans durant la guerre. Ils ont vécu leur enfance et leur adolescence dans la période hystérique et molle des années de l'entre-deux-guerres, celle des années 1920 qui essaient d'effacer le souvenir et les traces visibles de la tuerie de 1914-1918 (on retrouvera la même tentative d'amnésie avec la guerre de 1940), et celle des années 1930 ébranlées par la perte de confiance dans le système économique, la montée du fascisme et le développement en parallèle de la peur et de la lâcheté.

À l'âge où l'on fait la fête, où l'on se révolte, où l'on croit (encore) que tout est possible, les futurs parents de nos baby-boomeuses découvrent la guerre. « Ma mère avait 19 ans au début de la guerre, raconte Michèle. Sa vie dans une famille bourgeoise et catholique s'annonçait sans problème. La vie était agréable. Elle disait toujours : "Je ne me faisais pas de soucis." Mais c'est l'exode. Le cocon éclate. Elle a vécu dans l'inquiétude (famille séparée), l'instabilité (on change de domicile), la précarité, la peur (les Allemands). Et puis surtout plus d'amis. Elle parlait beaucoup de cette solitude avec les parents. Et bien sûr la faim et le froid... Le pire, c'était l'idée que la guerre pouvait durer et qu'elle allait se retrouver vieille fille et continuer à vivre avec les parents. Ma mère a beau dire de cette période de l'Occupation : "On s'amusait quand même, on inventait des distractions", il y a eu là un temps de jeunesse qu'elle n'a jamais rattrapé. Car elle se maria très vite et eut cinq enfants. »

Récit édulcoré ? Amnésie volontaire ? Pudeur ? Sont passés sous silence les humiliations, les peurs, les bombardements, les morts, les lâchetés. La guerre juste évoquée, comme un moment un peu raté. On retrouvera des échos de ces temps difficiles, des nuits glaciales de 1942 et des rêves de bombance chez presque tous les Français.

La guerre finie, l'euphorie et la foi dans l'amélioration inéluctable de l'existence balayent tout. « On célébrait avec un rien d'allégresse, passablement d'innocence et d'inconscience, les certitudes du progrès, la vigueur du combat politique et des valeurs sociales, religieuses, culturelles ou morales », écrit Jean Belot, commentant les années Vespa dans *Télérama*.

Le modèle de maman au foyer

Parlons morale, justement. C'est l'ère de la femme au foyer, de la mère de famille. Femme traditionnelle dans ses attitudes et comportements : c'est « Moi, comme les autres ». Pas question de déroger aux valeurs morales d'une société encore très normative : devoir, famille, bienséance. On est dans le faire et dans l'avoir. Quant aux rapports avec le sexe fort, ils pourraient être ceux décrits par Molière[1] : « Votre sexe n'est là que pour la dépendance, du côté de la barbe est la toute-puissance. » C'est l'ère de la « femme-objet », soumise au pouvoir et au désir de l'homme. Sa personnalité est plutôt monolithique et effacée. Son rapport à l'homme, quand celui-ci n'est pas le chef de famille, est de l'ordre du fantasme entre la séduction active de la « vamp » et la séduction passive de l'ingénue plus ou moins libertine, comme la décrit la sociologue Hélène Bugel. Mais peu de passages à l'acte, du moins avoués...

Voici donc ces jeunes mères dans les années 1950-1955 avec leurs jeunes enfants, gérant exigence morale et facilités matérielles. Les enfants ne manquent de rien, mais ils ont à respecter un certain

1. *L'École des femmes.*

nombre de principes. Les filles, tout particulièrement. L'éducation sera plus ou moins permissive mais les grands points d'ancrage (et de conflit) porteront sur le sexe et le travail. On rêve d'une fille conforme au modèle dominant, celui de l'épouse-mère au foyer par opposition avec la femme-maîtresse indépendante. Bref, le modèle maternel. Car le vent de légèreté ne soufflera pas pour tout le monde. Vous, les filles, pas de faux pas, vous serez comme vos mères, belles et dociles. Nos fils feront des études et s'élèveront dans l'échelle sociale, nos filles feront de même, mais par la grâce de leurs maris. « Ma mère avait eu son brevet, raconte Béatrice, elle était dans une école ménagère où on lui enseignait l'art de gérer une maison peuplée d'enfants. Elle trouverait un mari et elle perpétuerait le modèle maternel. » On est encore loin des années 1970...

Alors, jeune damoiselle en jupe plissée et chemisier à col Claudine, des études, à la rigueur, mais pas trop et surtout pas n'importe lesquelles : celles qui mènent à des métiers « féminins » de préférence (sois institutrice ou secrétaire, ma fille !), autrement dit ceux que l'on peut exercer tout en élevant correctement ses enfants. Car, bien sûr, notre damoiselle va devoir se trouver un mari.

Les bambines iront à l'école des filles pour y recevoir l'éducation qui convient à leur sexe et qui n'est pas la même que celle qui convient aux garçons. Il est vrai que la femme est inférieure à l'homme, l'auriez-vous oublié ? Elle ne peut pas faire comme lui ni – surtout – aussi bien que lui. Pétain avait légiféré à ce sujet, les grandes lois des religions aussi avaient professé les mêmes conceptions, bien avant lui.

Bref, l'homme est l'avenir de la femme. La femme avec les enfants, cela va de soi. Et c'est ainsi que les petites filles s'inscriront dans ce contexte même si Mme de Beauvoir a commencé son travail de déstabilisation. En 1949, paraît *Le Deuxième Sexe.* « Hué, honni, vomi par la droite, la gauche, l'extrême gauche. Le seul soutien vient de *Paris-Match* qui met en évidence les combats initiés par Simone de Beauvoir face aux problèmes qui caractérisent l'inquiétude de la femme moderne : l'égalité des sexes, le mariage et le divorce, l'accouchement sans douleur... Elle veut changer le sort de la femme[1]. » Courageuse Simone ! Il faudra quand même plus de vingt ans...

Mireille, 51 ans, une femme que l'on aurait qualifiée autrefois de gourgandine, ayant mené une carrière internationale tout en collectionnant les amants célèbres, raconte son enfance et son adolescence provinciales et bourgeoises. Elle s'étonne de ses souvenirs tant ils lui semblent incroyables, d'un autre siècle : « J'y pense maintenant mais, à l'époque, cela ne me surprenait pas, nous étions toutes pareilles... Toutes habillées et coiffées comme les bonnes sœurs d'aujourd'hui. Encore si nous avions porté des robes longues, des guimpes et des cornettes... cela aurait pu être chic. Mais non, des jupes en flanelle grise, des pulls beige en semaine, marine le dimanche, des socquettes bleu marine, été comme

1. *La Vie quotidienne des Français au XXe siècle,* Éd. Booster, LPM, 1999.

hiver. Dessus pour se protéger des taches d'encre, des blouses, poignets serrés, cols Claudine avec le nom et la classe brodés dessus. Quand on a eu enfin le droit d'utiliser des stylos bille (ce n'était pas bon, ça déformait l'écriture), on a quand même gardé les blouses. Pour la gymnastique, alors là ! Il fallait protéger notre pudeur : short froncé aux cuisses, l'été, pantalon mais sous une jupe, l'hiver. Les cheveux, pas question de laisser des toisons aux regards : des nattes serrées, des couettes. J'en ai mal aux cheveux rien que d'y penser ! Alors on trichait. On roulait les socquettes pour faire les jambes plus longues, on serrait les cheveux dans des queues de cheval au sommet du crâne. Mes parents ont été appelés un jour par la mère supérieure du pensionnat pour entendre parler de mon inconduite. Je cite le motif (j'avais 13 ans) : "Porte son béret de manière provocante." En classe, les filles avaient droit à des matières spéciales : couture, broderie, puériculture. Je suis sûre que je saurais encore langer un bébé dans ces grands langes qui les transformaient en paquets rectangulaires tout raides », ironise-t-elle. Et les garçons ? Elle éclate de rire : « À l'époque, on n'en parlait pas. Ils étaient une menace potentielle. On risquait une mauvaise réputation sans parler du pire, une grossesse non désirée, bien sûr, mais surtout non avouée, alors que "si tu l'avais dit plus tôt, ma fille, on aurait pu faire quelque chose" ! C'était le règne des saintes nitouches et des allumeuses (aujourd'hui, j'aurais envie d'être indulgente et de les appeler les prudentes). Ah, la grossesse non désirée ! elle a amené des mariages bien désirés, eux. » Le bébé était le moyen le plus sûr de se faire épouser même si, à la naissance, chacun comptait les mois séparant le mariage de la naissance et s'exclamait devant le beau prématuré. « J'ai connu très vite la contraception (les pessaires et les pilules étaient rapportées de Suisse), et pourtant je suis restée marquée par l'angoisse du bébé. J'ai toujours vu arriver mes règles avec une sorte de soulagement. En pension, on ne nous parlait pas des hommes ou des garçons mais des futurs pères de nos enfants. Il fallait les choisir en fonction de leur capacité à élever chrétiennement ceux que Dieu nous donnerait et se méfier des apparences et des attirances trompeuses. Alors, le problème était résolu par le silence. La seule loi énoncée et rabâchée était celle de la virginité. Elle s'inscrivait dans le dessein que Dieu voulait pour ses filles et dans une logique marchande. Une fille non vierge avait plus de mal à se caser... Je n'avais pas très bien compris ce que c'était cette virginité. Je pensais qu'on n'était plus vierge quand on faisait l'amour mais je ne savais pas qu'il y avait une réalité physique. La loi de la virginité pesait encore plus sur moi parce que c'était une question d'honnêteté morale. Tu étais honnête et tu disais je ne suis plus vierge, tu ne l'étais pas et tu laissais croire à tes futurs maris potentiels que tu l'étais. » Mireille raconte qu'elle a commencé à faire l'amour assez jeune. Au bout de deux ou trois ans, elle rencontre un étudiant en médecine qui lui dit : « Tiens, tu n'es pas vierge ! – Comment le sais-tu ? » lui demande-t-elle. Il lui explique. « Douze ans dans les institutions religieuses à entendre parler de la Sainte Vierge et je ne savais pas ça ! »

Après le bac, notre ex-jeune fille élevée au couvent cherche des études qui ne se dispensent qu'à Paris... Son but : fuir sa province étriquée. « Ce n'était pas facile de trouver des cours exclusivement parisiens parce que les grandes écoles étaient interdites aux femmes, mais j'aurais fait n'importe quoi pour échapper à la vie toute tracée. »

Dix ans ont passé... La première boomeuse de la grande vague a 15 ans en 1960. La dernière a 5 ans. Leur destin va basculer. Elles commenceront leur vie d'adulte dans une société méconnaissable. Leur vie a toutes les chances d'être radicalement différente de celle de leurs mères, au moins dans trois domaines essentiels : les hommes, les enfants et le travail. Excusez-nous du peu... Arrive le temps du NON à l'homme tout-puissant, du NON aux enfants non désirés, du NON à la vie de femme au foyer.

Une adolescence agitée

Durant les années 1960-1968, l'oppression qui régnait encore dans les foyers eut son corollaire dans l'oppression tombée sur de nombreux peuples[1]. Petite lumière dans le ciel de la décolonisa-

1. Bref rappel des événements : 1961 : Construction du Mur de Berlin ; 1963 : Coup d'État à Saigon, assassinat de J. F. Kennedy ; 1965 : Début des bombardements sur le Nord-Vietnam ; 1966 : Lancement de la grande révolution culturelle proléta-

tion, les accords d'Évian, en 1962, marquent la fin de la guerre d'Algérie. Mais la guerre froide, les dictatures et les conflits créent un climat dans lequel la force s'impose. Loi du père et loi du dictateur (le père sévère) tissent la toile de fond sur laquelle les jeunes boomeuses vont grandir. Excepté dans les milieux politisés, les filles de toute façon ne sont pas directement concernées. Comme des petites filles bien sages au jardin d'enfants, elles chantent « Yé Yé » (que l'on peut traduire par oui-oui) en agitant leurs couettes.

Cependant, dans la société civile française, des mouvements s'amorcent et se concrétisent, des éléments apparemment prosaïques changent la vie. Moulinex avait libéré la femme dans sa cuisine, les serviettes périodiques, les collants, le pantalon viendront libérer les femmes dans leur corps. Pas si anodin que cela !

Il y avait encore, après la guerre, des serviettes hygiéniques et nombre de baby-boomeuses du début de la vague s'en souviennent. Sang inscrit dans le tissu. L'écrivain Michel Onfray décrit le choc de cette « damnation cyclique infligée aux femmes », lorsqu'il découvre, enfant, « un seau dans lequel baigne un tissu rougeoyant sous le filet d'un robinet d'eau glacée [1] ». Évoquons pour le souvenir cet archaïsme-là car il concentre une vision et un

---

rienne par Mao ; 1967 ; Guerre des Six Jours en Israël, dictature des colonels en Grèce et mort de Che Guevara ; 1968 : Écrasement du printemps de Prague.

1. *Théorie du corps amoureux*, Grasset, 2000.

vécu de la femme qui vont radicalement disparaître avec les années 1960. « Les serviettes s'attachaient à des ceintures avec des épingles "de nourrice". Quand les serviettes avaient été utilisées, il fallait les laver. » Isabelle en garde un cuisant souvenir : « J'étais en pension et ces choses-là n'avaient droit qu'à une existence codée et restreinte. On disait : "Je suis indisposée", "Je ne peux pas aller à la gymnastique". On le disait, enfin, on le disait tout bas à la prof de classe. Entre nous, on n'en parlait pas, un peu comme si c'était une calamité personnelle. D'ailleurs, je ne sais pas si on savait que toutes nous avions des règles. Je me souviens d'une fille qui a eu ses règles pour la première fois au réfectoire. Elle a quitté la table avec du sang qui coulait sur ses socquettes. Une fille lui a dit : "Qu'est-ce que tu as ? tu t'es coupée ?" Quand il fallait laver les serviettes, c'était tout un cirque pour que les autres ne le voient pas. Certaines les entassaient dans leur sac à linge sale et les lavaient quand elles rentraient chez leurs parents. Comme on rentrait deux fois par trimestre, ce n'était pas génial. Mais quand les serviettes périodiques se sont répandues, quel bonheur ! Je me souviens de la marque en pharmacie, c'était Camélia pour évoquer, paraît-il, la dame aux camélias qui portait des camélias rouges les jours où elle avait ses règles afin de prévenir ses amants (ça, on me l'a raconté plus tard). Fini, la cuvette dans laquelle trempent des linges rouges, on n'est même plus obligées de se faire dispenser de gym. Et puis, plus tard, mais je ne suis plus en pension, enfin, les tampons. Alors là, ce fut presque comme si on n'avait plus de règles. Maillot de bain, minijupe, on avait droit à tout. Quand je me rappelle cette période où l'on effaçait les traces du crime, le crime d'être une fille, je me dis que je reviens de loin, du fond du Moyen Âge, du fond de la Bible... »

C'est dire l'importance que représentera, pour la vie de nos baby-boomeuses, l'apparition d'une lingerie non contraignante : les premiers collants libèrent enfin les mouvements ! Fini le souci du porte-jarretelles qui n'était pas toujours capable d'assumer sa fonction de maintien des bas, obligeait la femme à vivre dans l'inquiétude de la jarretelle qui saute et qu'il fallait discrètement réajuster dans l'ombre d'une porte cochère... Le porte-jarretelles qui, pour la même raison, contraignait à une démarche entravée... Le porte-jarretelles qui impliquait la jupe au genou : les jarretelles arrivaient à mi-cuisses et il n'était pas question de les laisser voir. Fini, il sera désormais réservé à la réactivation des souvenirs érotiques ou aux fétichistes. Il ne restait plus aux hommes que leurs larmes pour pleurer devant la disparition d'un appareillage si « symboliquement féminin ». Le collant a un petit côté viande sous vide mais, au moins, il permet de courir à grandes enjambées et de s'habiller court. Elles ne s'en priveront pas, les baby-boomeuses, avec le lancement de la mode de la minijupe. Les hommes, après avoir maîtrisé l'art de glisser la main sous la jarretelle afin d'atteindre ainsi en direct le slip et ce qu'il recèle, apprendront l'art plus difficile de retirer un collant. Symboliquement, le porte-jarretelles restera lié au flirt poussé, le collant à l'amour librement consenti.

Et le pantalon... Il en existait, bien sûr. Il avait été révolutionnaire et chic dans les années 1920 quand Coco Chanel le taillait dans la flanelle. On le portait alors dans les stations de bains de mer, de préférence Deauville ou Biarritz. Pour les femmes et les petites filles, il était devenu un objet fonctionnel adapté à certaines situations précises : le ski, le cheval ! Mais pas question de le porter à l'école, au collège ou au bureau. Marie-Claude raconte comment le pantalon s'est introduit dans son entreprise : « J'ai débuté dans un grand groupe de cosmétiques à l'automne 1968. On n'avait pas le droit de porter le pantalon au travail et cela nous paraissait normal. On ne serait pas venues en chemise de nuit au bureau, donc pas plus avec un pantalon. À chaque occasion et à chaque action, son vêtement. C'était encore l'époque des tenues de ville, des robes de cocktail et des robes de soirée... À chaque sexe, ses obligations. Les hommes avaient leurs costumes et leurs cravates, nous avions nos tailleurs et nos ensembles. Mais, quelques mois plus tard, on a eu envie de porter des pantalons. Ce n'était pas idéologique, je crois plutôt qu'Yves Saint Laurent était en train d'imposer son sublime smoking ! L'une d'entre nous, en tant que représentante, est allée voir le directeur général pour demander l'autorisation de porter un pantalon au bureau. Elle l'a obtenue, mais le directeur a accompagné son oui d'un discours sur ses regrets personnels de ne plus avoir sous les yeux les jambes ravissantes de ses subordonnées. Eh oui ! Ce qui m'amuse encore, c'est l'argumentation que nous avions mise au point pour arracher cette liberté : “Si vous ne nous donnez pas l'autorisation, nous vous demandons de rembourser nos collants en note de frais sur la base d'un collant Dior par jour.” J'aimerais raconter l'histoire autrement en disant que nous avons plaidé le droit à l'égalité, au respect de la personne... mais non, désolée, on a fait ça tout doux. »

Du corps à la loi

Du corps à la loi, il n'y a qu'un pas. Sur le plan législatif, les choses bougent aussi. Et les lois de la famille érigées par Pétain sont sérieusement attaquées. Sans doute les élus ont-ils pris conscience d'un corps électoral féminin qui n'allait pas toujours voter comme les maris... Évoquons le contexte : « L'héritage le plus durable de cette époque de la guerre sera sans doute cette conception traditionnelle de la famille portée à son point extrême par l'administration vichyssoise et qui ne commencera à être révisée que vingt ans plus tard, à partir de 1964 [1] », c'est-à-dire quand les premiers baby-boomeurs auront 19 ans.

Rappel des faits en forme de terrible inventaire : « La famille est biparentale avec des conjoints de sexes opposés, pourvue d'une progéniture nombreuse, soudée derrière son chef masculin et unie autour d'une mère au foyer », clame la loi du 10 juillet 1940. Interdiction d'embauche des femmes mariées dans les services de l'État, les collectivi-

1. *La Vie quotidienne des Français...*, *op. cit.*

tés locales ou territoriales, et obligation pour les femmes de plus de 50 ans de prendre leur retraite, précisent les lois du 11 octobre 1940. Sans oublier la fameuse loi du 15 février 1942 qui fait de l'avortement un crime contre l'État et celle du 2 avril 1941 qui interdit de divorcer avant un délai minimum de trois ans de mariage et dont les clauses seront encore restreintes par Pétain. Que dire enfin de cette « invention »-symbole de la fête des Mères (25 mai 1941) !

Si les femmes se voient reconnaître, fin 1942, la capacité civile d'ester, de contracter, d'ouvrir un compte bancaire, de poursuivre des études, de passer des examens et de demander un passeport sans en référer à leur époux, c'est parce que nécessité fait loi : occupés par la guerre, les maris sont absents et les situations bloquées !

En 1965, sonne la « fin de la colonisation de la femme mariée », comme le dit Jean Foyer, le défenseur de la loi d'émancipation des femmes : « La femme vivait au domicile d'autrui – celui de son mari –, sous un nom d'emprunt[1]. » Désormais, elle partage les droits de son mari sur le logement, a le droit d'ouvrir un compte en banque, peut exercer une activité professionnelle et a des pouvoirs étendus sur l'administration et la disposition de ses biens (jusqu'alors confiés au mari). Première grande brèche dans ce qui « tenait » jusqu'alors les femmes : la dépendance économique à l'égard du mari. Elles ont désormais du pouvoir sur leur écuelle. Au pas-

1. *Les Échos*, « 1900-2000, un siècle d'économie ».

sage, comme l'évoque Jean Foyer, elles récupèrent leur patronyme. Un droit que le code Napoléon ne leur avait jamais ôté puisqu'il précisait : « La femme a le droit de porter le nom de son mari », mais qu'elles n'utilisaient pas.

L'usage voulait qu'une femme, en se mariant, prît le nom et le prénom de son mari. Écrire le prénom d'une femme sur une enveloppe était infamant (Madame Marie Dupont au lieu de Madame Jean Dupont), cela signifiait sans équivoque qu'elle était divorcée. Veuve, elle se serait appelée Madame Veuve Jean Dupont... On commencera à voir à cette époque des femmes mariées gardant leur nom de jeune fille (dit-on d'un homme qu'il a gardé son nom de jeune homme ?). Mais la deuxième grande rupture vient, bien sûr, de la légalisation de la contraception qui autorise enfin les femmes à ne plus être pieds et poings liés aux bons désirs de l'homme et de la nature.

C'est une quasi-révolution : en 1967, la loi Neuwirth rend en effet la contraception licite, ce qui provoque les foudres pontificales. Paul VI réplique un an plus tard avec l'encyclique *Humanae Vitae* qui rappelle que la pilule ne fait pas partie de la contraception naturelle. Et même si les femmes et, en particulier, les femmes de milieux privilégiés n'avaient pas attendu d'autorisation légale pour aller se procurer la pilule en Suisse, les pessaires en Angleterre et les stérilets en France, le mouvement de libéralisation est bel et bien lancé.

Martine se souvient : « La pilule, quel bonheur ! parce que le diaphragme à mettre au dernier moment, quelle galère. Tu te mettais de la crème spermicide dans le vagin avec une sorte de canule, tu mettais le diaphragme en le serrant un peu et si, par malheur, tu ratais ton coup et qu'il y avait un peu de crème dessus, tu avais un objet caoutchouteux, glissant à pincer et à t'enfiler. Et après, tu remettais de la crème. Alors, pour Bobonne, dans sa vie conjugale bien réglée avec l'amour le samedi soir, d'accord ; mais toi, quand tu te laissais porter par tes envies, ça te cassait vraiment les pieds. Et c'est comme ça que je me suis retrouvée enceinte plusieurs fois. »

Le député Lucien Neuwirth obtient ainsi que la femme soit libérée des hasards de la conception et du devoir de fournir à l'État des petits (soldats...). Mais sait-il qu'il a introduit le diable dans les foyers ? « Les hommes perdront la fière conscience de leur virilité et les femmes ne seront plus qu'un objet de volupté stérile [1] », s'écrie un sénateur lors des débats parlementaires qui accompagnent le vote de la loi. Non seulement notre petite boomeuse a de moins en moins besoin de la main nourricière du mari mais on ne peut plus la « tenir » avec des enfants. La femme, créature toute nouvelle, dotée de pouvoirs qu'elle n'a jamais eus... Et ça ne fait que commencer ! Car il reste encore beaucoup à faire, notamment sur le plan des rapports de sexe. Dans les écoles, pas question de mixité : les filles sont le plus souvent séparées des garçons, et même dans les universités, la ségrégation sévit (en dehors des locaux d'enseignement), détail par rapport à l'avancée que constitue la loi autorisant la contraception,

1. *Le XXe siècle des femmes*, Florence Montreynaud, Nathan, 1999.

et pourtant c'est ce détail-là qui mettra le feu aux poudres. En 1967, « l'année de la pilule », les résidents de la Cité universitaire de Nanterre demandent la mixité des locaux. Mai 68 est en marche...

Ces sept années, 1968-1975, celles des 20 ans des baby-boomeuses, resteront symbolisées par le chiffre 68 et son substantif pas très heureux de soixante-huitards. Elles ne l'ont pas toutes vécu, ce Mai 68, trop jeunes, trop vieilles, provinciales... ou bien elles l'ont vécu en citoyennes de seconde zone (combien y avait-il de femmes à la tête du mouvement étudiant ? aucune !), mais toutes en ont été marquées.

Alors, amalgame entre l'époque de la « chienlit[1] » et les mouvements d'avant et d'après ? Peu importe. Reste une image forte comme il en faut pour symboliser le changement. Le plaisir, par opposition au devoir, la révolte et l'indépendance, par opposition à la soumission. La jeunesse et la jeunesse des idées éclatent à la face du monde (le mouvement a eu lieu dans la majorité des pays développés, seule la date change). Tout est possible et, en particulier, ce qui n'existe pas. L'insolence, pour l'époque, se lit à travers les slogans. Souvenez-vous : « Il est interdit d'interdire », « L'imagination au pouvoir », « Prenez vos désirs pour des réalités », « Sous les pavés la plage », « Il faut vivre sans temps mort et jouir sans entraves ».

La recréation du monde se fonde sur le principe de plaisir. Ce n'est pas l'énergie de la conquête de l'Ouest, de la construction d'une société égalitaire,

---

1. Terme utilisé par le général de Gaulle, alors président de la République, pour qualifier les événements de Mai 68.

de la modernisation et du progrès. C'est paradoxalement, pour la part la plus durable de l'héritage de 68, l'énergie mise au service du plaisir, de l'harmonie, de la paix. *Peace and love*... Et la beauté, celle de la nature, celle des rêves (aidés par la chimie, mais le plus souvent la chimie des plantes), celle des corps débarrassés de leurs carcans et dénudés. Les soutiens-gorge aux orties, les porte-jarretelles réservés aux attractions de cabaret. Des robes de voile, des fleurs et des peaux de chèvre couvrant et dévoilant des corps heureux.

Principe de plaisir et refus du pouvoir – des pouvoirs –, qu'il s'exerce à l'usine, à l'université, au sein du foyer. L'autorité implose. Baudruche crevée. Cette génération a mené des actions spectaculaires, au sens propre, mais a, surtout, dans un grand hymne rendu à ses forces propres, nié la génération des parents. Elle a modifié le centre du monde et l'a mis dans sa planète, la planète jeunesse. Ce qui ne lui rendra pas la tâche facile, trente ans plus tard, à la cinquantaine.

« La génération de 68 a été une génération arrogante. Elle a refusé tout héritage et a prôné l'expérience personnelle comme source de toute valeur », dit Bernard Préel[1], directeur adjoint du BIPE (Bureau d'information et de prévision économique). « Rien à faire de vos valeurs traditionnelles, nous trouverons nos valeurs propres. Le mouvement qui a été un peu politisé au départ, en particulier aux États-Unis avec la génération Vietnam, s'est en

1. Auteur du *Choc des générations*, La Découverte, 2000.

fait diffusé sur un mode qui était fort peu politique. »

Jeunesse égale justesse

Il en restera une équation selon laquelle jeunesse égale justesse. Ce qui est bon et bien est jeune, et réciproquement. Les adultes n'ont cessé de se fourvoyer dans la guerre et dans la société de consommation. La jeunesse, elle, est intacte. Une sorte de rousseauisme va envahir le système éducatif et les « libres enfants de Summerhill[1] » vont se reproduire... Il va surtout en résulter l'émergence d'une idée-force : la jeunesse est en soi une valeur. Idée initiée, développée, soutenue, manifestée et magnifiée par les soixante-huitards. Fondation aux terribles conséquences quand cette génération va se trouver aux prises avec son vieillissement.

Les échauffourées de 1968 seront suivies d'un autre événement fondateur, symbolique de cette valeur jeunesse mise au cœur du monde : Woodstock, 1969. Woodstock, la première grande fête internationale de la jeunesse réunie par un amour commun de la musique. Il était une fois des jeunes qui croyaient en la paix et l'amour et qui chantaient et dansaient sous la pluie. Le centre d'un monde

1. Summerhill fut l'aventure d'une école autogérée fondée en 1921 dans la région de Londres, par le psychiatre-psychanalyste A. S. Neill. Cf. *Libres enfants de Summerhill*, Maspero, 1971.

nouveau était là mais sans préméditation idéologique. Il n'y avait ni à démontrer ni à justifier.

Est-ce un hasard, faut-il y voir un lien ? Il se trouve que, dans le monde alors, les instruments de pression et d'oppression vont commencer à se relâcher. Sur le plan politique, c'est l'élection d'Allende au Chili, la révolution des Œillets au Portugal, la démission des colonels en Grèce. Libération des peuples. Libération des consciences, avec la « relecture » de la jeunesse des pères et des mères grâce à des films tels que *Le Chagrin et la Pitié* d'Ophuls (1971), premier portrait de Français dans leurs lâchetés et leurs compromissions au quotidien durant la guerre, grâce à des livres tels que *Les Origines du système totalitaire* de Hannah Arendt, en 1972, ou *L'Archipel du Goulag* de Soljenitsyne, en 1973.

Années 1970 : place aux femmes. La société française bouge, entre en ébullition mais, cette fois, sous les coups des femmes, ces nouvelles décolonisées (partiellement). Les choses deviennent sérieuses. Il ne suffit plus de jeter son soutien-gorge aux orties pour prouver son indépendance vis-à-vis de la loi des hommes, il faut agir. La marmite du mécontentement commence sérieusement à bouillir : quelques événements symboliques scandent l'avancée des luttes.

Un groupe de femmes dépose une gerbe sous l'Arc de Triomphe en l'honneur de « la femme inconnue du soldat inconnu ». La première assemblée générale du Mouvement de libération de la femme (MLF) se tient à Paris. Le magazine *Elle*, sous la houlette de Françoise Giroud, organise « les états généraux de la femme », « mais le MLF sème la perturbation, c'est la révolte contre le conformisme, la dérision contre l'esprit de sérieux[1] ».

Cependant, concrètement, dans la vie des femmes, la loi sur la contraception ne résout pas tout et les avortements clandestins continuent. La bataille politique s'organise avec le Manifeste des 343 « salopes » publié dans *Le Nouvel Observateur* en 1971. Des femmes célèbres déclarent avoir avorté, ce qui, à l'époque, équivaut presque à avouer un crime. L'avorteuse Louise Giraud en sait quelque chose : guillotinée en 1943 pour avoir contrevenu à la loi. La bataille juridique s'organise elle aussi. L'avocate Gisèle Halimi obtient en 1972 l'acquittement d'une jeune fille accusée d'avoir avorté (après avoir été violée). Il y avait donc encore à l'époque un ministère public pour demander l'application de la loi...

Et, pourtant, l'avortement était loin d'être une solution à laquelle les femmes se résignaient de gaieté de cœur... Christine, trois enfants, un mari (le deuxième), une vie professionnelle flamboyante dans la publicité, raconte son avortement, à 18 ans... l'évocation des faits lui fait parfois monter les larmes aux yeux : « Ce n'est pas le regret, dit-elle, car ses enfants choisis la comblent, mais le souvenir de l'horreur... »

Lovée dans son canapé, elle se saisit d'un coussin qu'elle ne cessera de malaxer durant toute l'interview. « J'étais une petite provinciale vivant à Paris dans un foyer de jeunes filles. J'étais amoureuse et je

1. Florence Montreynaud, *op. cit.*

suis tombée enceinte, comme on disait à l'époque. J'avais pourtant appliqué la méthode Ogino[1] avec rigueur... Je ne voulais ni ne pouvais le garder, alors la course folle a commencé. À l'époque, il y avait des rumeurs, il fallait avorter avant 3 mois, parce que après, c'était un crime et puis, c'était dangereux. Je n'osais pas en parler aux filles du foyer ; en fait, je me disais bien qu'il devait y en avoir qui étaient passées par là, mais j'avais peur de la délation. Je me voyais chassée du foyer, à la rue, dénoncée auprès de mes parents, donc chassée aussi de la maison familiale. Bref, un tableau dramatique. Je demande alors à un étudiant de médecine de me donner de la quinine, elle avait la réputation d'être abortive. Il me la vend très cher. Et... pas de résultat. Le temps passe. Après des rencontres avec des inconnus dans des bistrots (je crois qu'on avait encore très peur de la loi Pétain), mon petit ami trouve une femme qui accepterait de me poser une sonde. Elle demandait 500 F. C'était énorme – quelques années plus tard, mon premier salaire de cadre sera de 1 200 F. Alors, je recherche de l'argent. Je vends à des copines bijoux et stylos (je regrette encore mon Parker en argent). J'emprunte à ma petite sœur qui me donne ses économies... On y arrive. Je vais dans un immeuble du IXe (quand je passe dans la rue, j'en ai encore des frissons). J'ai peur, peur de mourir, ma seule consolation, c'est que, si je meurs, je ne serai plus enceinte ! La femme me reçoit, glaciale. Elle prend

1. Méthode contraceptive fondée sur la prise quotidienne de température et de calcul des dates d'ovulation.

l'argent. "S'il y a un problème, vous ne me connaissez pas et je ne vous connais pas." Elle m'installe, pose la sonde, une sorte de tuyau en plastique, ça ressemble à un examen gynéco, et elle me renvoie. "Remuez-vous et quand vous aurez des pertes de sang sérieuses, allez à l'hôpital, on vous fera un curetage. N'y allez pas trop tôt parce qu'ils pourraient le sauver." Alors, j'ai arpenté Paris, récuré la chambre de bonne de mon petit ami et puis, quand j'ai commencé à ne pas me sentir bien, j'ai retiré la sonde, je suis allée à l'hôpital. Mais là, j'ai pensé qu'ils avaient tous une seule envie : me laisser crever, pour m'apprendre à vivre, je suppose. Aux urgences, je crois bien que j'ai attendu toute la journée, en perdant du sang. Il était clair que personne ne croyait que je faisais une fausse couche accidentelle et que j'étais désespérée de perdre mon futur bébé (il fallait dire ça pour sauver la face de tout un chacun). Puis ils m'ont mise dans une salle en attendant qu'un bloc se libère pour faire le curetage. C'était une salle où il y avait des femmes enceintes à problèmes et des femmes qui allaient accoucher. Elles m'ont parlé, questionnée et, pas dupes, accablée de reproches latents. Après l'anesthésie, retour au "dortoir", la chambre de départ. J'étais vidée, même pas soulagée, j'avais peur qu'ils n'aient pas fait le travail et que je sois toujours enceinte. Ce dont je me souviens avec horreur, c'est qu'avant de partir une infirmière est arrivée avec des jumeaux tout emmaillotés, me les a mis dans les bras et m'a dit : "Regardez comme c'est beau des bébés." Je la vois encore, je la hais encore. Des années plus tard, après la mort de ma mère, alors que ma sœur et moi, nous nous partagions ses meubles "intimes", son petit bureau, sa coiffeuse, j'ai trouvé une espèce de bock en argent avec un tube en caoutchouc à la base et au bout de ce tube un élément en ivoire ou en os. Ma sœur m'expliqua que cela servait à se faire avorter. On enfonçait la canule en os dans le col de l'utérus, de l'eau savonneuse arrivait par le bock et le tube et délogeait l'embryon. Je l'ai jeté. Je regrette aujourd'hui, parce que c'était un témoin d'une époque et une antiquité. »

Il faudra attendre l'année 1975 pour que le dernier bastion tombe : la loi Veil autorisant l'IVG est votée après des débats houleux et ignobles à l'Assemblée, l'avortement assimilé à l'extermination nazie... Mais la révolution est de taille : cette année-là, les femmes accèdent enfin à l'autorité sur leur propre corps, elles n'ont plus de devoir envers l'État, elles ne dépendent plus d'une contraception masculine.

Qu'elles aient été actrices directes ou simples témoins de ce chambardement des esprits que vont développer les années MLF, de 1970 à 1979, les filles du baby-boom vont évoluer désormais dans ce courant de libéralisation des mœurs. Signe parmi d'autres : les années 1970 voient une chute des mariages au profit du concubinage. Alors que les vendeurs de robes de mariée se pourléchaient les babines à l'approche des gros bataillons du baby-boom en âge de se marier, voilà que les mariages s'effondrent : 400 000 en 1972, ils seront moins de 300 000 par an dans les années qui suivent[1].

1. *La Vie quotidienne des Français..., op. cit.*

Quant au divorce (enfin reconnu par consentement mutuel en 1975), il fait un tabac : un mariage sur trois échoue (un sur deux à Paris). Maîtrise de la fécondité, maîtrise de la vie amoureuse, il ne manquait plus au tableau de la promotion de la condition féminine que l'ouverture aux femmes des bastions masculins réputés imprenables : l'accès aux grandes écoles. C'est chose faite en 1972. Polytechnique, HEC s'ouvrent à l'intelligence féminine : petite fierté, la première année où les femmes seront autorisées à se présenter au concours d'entrée de l'X, le major sera une femme, Anne Chopinet.

Les législateurs avaient-ils vraiment mesuré les conséquences fondamentales de leurs décisions ? Toujours est-il que plus rien désormais ne sera comme avant : les relations hommes-femmes allaient être radicalement modifiées.

Les boomeuses devenues jeunes adultes : du jamais vu

C'est un peu comme si les baby-boomeuses se retrouvaient à la fin de cette période comme après le passage d'un nuage de fées au-dessus d'un berceau... « On n'a pas fait ce pour quoi on avait été programmées », lance en riant la PDG de la filiale française d'une importante société américaine, 52 ans, à l'élégance un peu stricte et convenue. Sa génération a fait un pied de nez au destin. Elle a l'impression que tous les pièges qui étaient préparés de toute éternité pour les femmes ont été déjoués. « Notre génération a été privilégiée, je ne vois pas dans l'histoire autant de modifications favorables à un sexe. Bien sûr, je ne peins pas tout en rose, il a fallu se battre mais on a eu des résultats. Je n'ose pas raconter aux plus jeunes d'où l'on vient et ce que l'on a vécu. Bébés, enfants, adolescentes choyées dans une époque économique de croissance ininterrompue, études, examens, réussite. On cherchait du travail ? On en trouvait aussitôt et on en changeait à son gré, il n'y avait pas de problème. Et puis surtout, on pouvait faire l'amour sans crainte. Pas de bébé catastrophe, ces bébés qui faisaient les mariages en hâte avec un homme dont la seule caractéristique était de n'avoir pas su "se retenir". Et puis non plus, pas de sida. Alors, le boulot, le plaisir, et les hommes à volonté, le rêve... On en a bien profité. J'en ai bien profité. »

C'est une évidence : l'implicite « telle mère, telle fille » n'a pas fonctionné. Tout était en place, la guerre était finie, la reconstruction démarrait, l'économie repartait. Papas et mamans faisaient des bébés. Parmi ces bébés, des filles. Elles ont eu une vie imprévue et imprévisible qui n'était pas écrite dans le scénario. Scénario de rupture avec celui de leurs mères.

La comparaison entre la vie des femmes dans les années 1940 et 1950 et celles de leurs filles dans les années 1970 et 1980 est édifiante : le changement quantitatif (plus de tout) mais surtout qualificatif (une autre nature) éclate au grand jour. Le parallèle entre la condition de Suzanne, jeune adulte en 1945, et celle de Béatrice, boomeuse adulte en 1975, manifeste la mutation. En matière de droits civiques, Suzanne exerce pour la première fois de sa vie le droit enfin reconnu aux femmes de voter, à condition qu'elles soient âgées de 21 ans. Béatrice, elle, a eu le droit de voter à 18 ans. Si Suzanne veut faire de belles études, la seule grande école qui lui est ouverte est l'ENA. Béatrice les a toutes à sa portée. Suzanne, mariée, veut-elle travailler ? Encore faut-il que son mari lui en donne l'autorisation ! Il ne viendrait même pas à l'idée de Béatrice d'en référer à son mari. D'ailleurs, elle vit en union libre ! Suzanne aurait-elle des velléités d'indépendance financière en voulant ouvrir un compte – son compte – en banque, qu'il lui faut, là aussi, l'autorisation de son petit mari. Béatrice est libre de tous ses mouvements bancaires.

Suzanne veut-elle avoir le nombre d'enfants qu'elle désire ? Oui, mais avec pour seule contraception la bonne vieille – et tellement inefficace – méthode Ogino ou papa qui se retire, bref une contraception des plus rudimentaires, et elle sait ce qu'il lui en coûtera d'avorter : sa santé ou sa liberté. Béatrice, elle, prend la pilule depuis qu'elle a 20 ans et si elle doit malheureusement interrompre sa grossesse, l'intervention lui sera remboursée (à partir de 1982).

Continuons ce jeu des parallèles, mais cette fois sur trois générations. Un article publié par *Marie-Claire*[1], intitulé « Dix vies racontent le siècle », met

1. Septembre 1999.

en évidence ces particularités entre générations. La journaliste interviewe dix femmes nées entre 1900 et 1990 et leur pose à toutes une même série de questions. C'est leur réponse à la question : « Quel événement vous a le plus frappée en tant que femme et citoyenne ? » qui marque le plus leur appartenance générationnelle. Ainsi, Monique, née en 1930, répond : « Le vote des femmes » ; Hélène, professeur, née en 1940 : « 1968, pour la souplesse que cela a institué entre les professeurs et les institutions » ; Lysiane, née en 1950 : « La législation sur l'avortement » ; quant à Laurence, née en 1960 : « L'apparition du sida en complète contradiction avec les années de liberté que nous avait apporté la pilule. » Tout aussi édifiantes leurs réponses à la question : « Qu'est-ce qui fut meilleur pour votre génération que pour celle de votre mère ? » Pour Monique, 70 ans : « La vie active, le temps libre qui nous reste grâce à l'invention des appareils ménagers » ; pour Hélène, 60 ans : « La liberté des mœurs » ; pour Lysiane, 50 ans : « Le partage des tâches éducatives et ménagères » ; et pour Laurence, 40 ans : « L'autonomie des femmes, l'apport de la psychanalyse et de la psychologie. » Une enquête qui confirme la spécificité générationnelle des cinquantenaires d'aujourd'hui. Pionnières en matière de droit des femmes, elles sont les premières à arriver à la cinquantaine en tant que sujets. Leurs mères étaient dans une voie toute tracée, mariées pour toujours, ignorant quasiment le divorce. Elles arrivaient à 50 ans dans un relatif confort et sur un chemin qui devait les mener tout droit au statut de grand-mères. Rien à voir avec la cinquantaine des baby-boomeuses.

Une nouvelle figure féminine

Les archétypes de la vieille fille ridicule, la figure douloureuse de la femme stérile, le modèle de la mère et épouse pétrie du devoir accompli sont dévalués. La femme peut, voire doit, exister autrement qu'en tant que mère, future mère, ou mère « ratée ». Des nouvelles femmes sont nées qui vont vivre et mettre en œuvre des rapports radicalement différents avec les hommes : « On peut dire que ces femmes ont créé quelque chose de foncièrement nouveau dans la société, en particulier dans la société française, estime Bernard Préel. C'est une révolution des mœurs fondée sur la modification des relations entre les sexes... Elles ont saisi leur chance et incarné une nouvelle figure féminine. À la cellule familiale où il y avait un chef de famille, une femme et des enfants, elles ont substitué un couple égalitaire dans lequel il y a deux actifs et, éventuellement, des enfants. Cette révolution est beaucoup plus importante que les modifications législatives qui l'ont précédée. »

La comédienne Macha Méril qui a créé les Cinquantièmes Jubilantes en réaction à l'ostracisme dont sont victimes, estime-t-elle, les femmes de 50 ans, dit de sa génération : « Nous sommes la génération de la pilule, la génération des femmes qui ont commencé à exercer des métiers d'hommes, nous arrivons à 50 ans avec une véritable identité. Avec nous, une nouvelle race est née, celle du *no return*. La génération du NON. »

Mais que reste-t-il aujourd'hui de leur jeunesse, comme le dit si bien cette chanson des années 1960 : « Que reste-t-il de “leurs” amours, que reste-t-il de “leurs” beaux jours ?... » En d'autres termes, quelle empreinte leur enfance, leur jeunesse et leur adolescence ont-elle laissée sur elles ? Certaines qui ont vécu dans des familles meurtries par la guerre portent une empreinte toute particulière qui les sensibilise à toutes les oppressions. Quoi qu'il en soit, toutes auront été marquées par Mai 68 : « J'ai été partie prenante de 68, raconte Martine. Je me souviens de la prise de parole, ce besoin de s'exprimer et le fait que toute parole était légitime, ce qui explique ma dissidence permanente par rapport aux dogmes. Il m'en reste un esprit critique, un sentiment exacerbé de la liberté individuelle, le refus absolu de tous les dogmatismes... » Ce refus d'acquiescer sans réflexion, de se soumettre sans combat s'applique à la sphère politique et idéologique, à la sphère sociale et à la sphère privée.

Pour celles qui ont vécu ces événements ou simplement vécu leur jeunesse à cette époque, demeure ce sentiment de toute-puissance qui se nourrit de l'illusion que tout ce qui est advenu par la suite « de bien » (libéralisation des mœurs, mixité...) est arrivé « grâce à Mai » ! Il en résulte un sentiment d'appartenance générationnelle très fort. « Je me sens absolument de cette génération, affirme Cathy, j'ai conservé de 68 cette espèce de liberté, d'anticonformisme, du toujours possible. »

Mère de trois grands enfants, impliquée dans de nombreuses associations caritatives, Joëlle décrit ainsi ce qui lui reste des années 1968-1970 : « Je me sens toujours soixante-huitarde dans l'âme. Je fais partie d'un club de réflexion de gauche, j'aime la culture avant-gardiste, la recherche. Même si je suis une bourgeoise, je suis toujours en train de remettre en cause l'ordre établi, j'ai une capacité permanente à m'indigner... J'ai manifesté pour les droits de la femme, j'ai pris la pilule sans le dire à mes parents, je me suis bagarrée avec eux pour vivre avec mon jules sans être mariée avec lui, mais mes parents ont finalement eu gain de cause : j'ai dû me marier. J'avais un père très sévère. Mon éducation sexuelle était réduite à zéro alors qu'avec mes enfants, c'est venu naturellement. Entre ma mère et moi, la grande différence est liée, je crois, au statut des femmes. »

De là à dire que cette génération observerait des comportements politiques plus contestataires que les générations précédentes ou suivantes, ce serait aller un peu vite en besogne, d'autant plus qu'aucune étude comparative n'a été réalisée sur ce thème.

Mais s'il est une valeur partagée par toutes, c'est bien celle du plaisir. Demandez en effet à cette génération ce qui lui reste de 68 et toutes et tous diront d'un seul cri du cœur : le plaisir. Ils érigent en principe le fait qu'« avoir envie, c'est se sentir exister ». Le slogan « Jouissez sans entraves » n'a pas été oublié. « Les 50-55 ans d'aujourd'hui veulent tout, tout de suite, tous les plaisirs que la vie peut leur offrir », commente Marc Ladet, l'un des directeurs de Risc International. Sentiment que ne partagent pas seulement les femmes mais aussi les hommes. Michel, consultant de 50 ans, s'explique : « 68 fut la lutte contre le vieux monde, c'est encore dans nos esprits... mais ce qui caractérise le plus notre génération, c'est cette envie qu'on a de jouir le plus possible de la vie. C'est très soixante-huitard, je crois, cette envie permanente qu'on a de vouloir faire la fête. Nous sommes la génération du plaisir et ça, on ne veut pas le lâcher. Pour moi, la génération 68, c'est aussi celle de l'esthétisme. Nous avons toujours la capacité de rendre belle toute nouvelle étape que nous vivons, par exemple nos 50 ans. En tout cas, moi, je m'y emploie. »

Le temps des revers de jeunesse

Et, pourtant, certaines de ces héritières du grand chamboulement des mœurs ne se sont toujours pas remises de n'avoir pas changé la société autant qu'elles l'auraient voulu : elles font partie de ces « grands blessés de 68 », comme les appelle la psychanalyste Nicole Fabre. Elle parle ainsi de cette femme de 50 ans qu'elle suit en thérapie parce qu'elle se sent « dépressive », et qui porte sur elle-même et sur le monde un regard de mépris : « J'ai tant espéré, tant lutté pour la libération des femmes et aujourd'hui qu'est-ce que je vis ? une carrière, mais pas d'homme, j'ai l'impression de m'être piégée moi-même. On est un groupe de copines – rien que le mot "copines" nous vient d'ailleurs de 68 –, on se dit qu'on a raté notre vie familiale. On a voulu la liberté, on a voulu changer la société, on bosse comme des dingues, on n'a pas fait ce qu'il fallait faire pour garder nos bonshommes, on n'a pas cherché le féminin qui était en nous et aujourd'hui, on paye tout ça. » Héritières des grandes années qui devaient inaugurer les luttes des femmes, elles ont appris à vivre en situation de « sujet » de leur vie. « Mais attention de ne pas confondre le fait d'être sujet de sa vie, et se croire dans la toute-puissance, fait remarquer la psychanalyste Katy Saada. On ne peut jamais tout et celles qui l'ont cru se trompaient lourdement : il faut toujours négocier avec la vie, le "tout" n'est pas possible. Celles qui se croyaient toutes-puissantes étaient dans une illusion de maîtrise. »

Une illusion de maîtrise avec laquelle il va de toute façon falloir désormais « composer ». Car voilà qu'avec leurs 50 ans, les baby-boomeuses sont pour la première fois de leur vie confrontées à plus fort qu'elles : le temps qui passe, un temps qu'elles ne maîtrisent pas, qu'elles ne maîtriseront plus. « C'est vrai qu'on a initié ce mouvement de jeunisme en 68, reconnaît Catherine, mais maintenant, ça nous dépasse. On est obligées de composer avec nos rêves, jadis tous les possibles étaient permis, quitter son mec, son boulot, faire des enfants. On découvre aujourd'hui que tout n'est plus possible. » Alors, petite enfant gâtée des années 1970, comment va se passer le temps des revers de fortune, revers de jeunesse, revers d'illusion ? Toutes le disent : 50 ans, pour elles, est un énorme chambardement. Jamais elles n'auraient pensé que cela puisse leur arriver. À 50 ans, elles se sentent jeunes encore, mais dans un corps qui les lâche et dans une société qui les largue. Aucune autre génération n'est arrivée à cet âge avec ce sentiment d'avoir gagné la jeunesse éternelle. Et voilà pourtant qu'il leur faut accepter de vieillir, accepter ce qu'elles croyaient à jamais pouvoir tenir éloigné d'elles. À 50 ans, le corps fout le camp et la jeunesse avec. Mais là où le bât blesse plus encore, c'est que la dégradation constatée sur leur corps advient dans une société qui ne tolère pas le vieillissement. Parce que le vieillissement est une réalité ô combien socialement, politiquement, culturellement incorrecte. Pas beau, pas bon de vieillir ! Elles le découvrent à leurs dépens. Jamais elles n'auraient cru qu'un jour elles aussi vieilliraient. Alors que font-elles, nos baby-boomeuses frappées de cinquantaine ? Elles rient, elles pleurent, font le gros dos. Se taisent en public, se confient en privé. Pour se défendre de ce mal qui les frappe, elles choisissent cette arme qui se nomme humour. Élevées au lait de la lucidité, elles décrivent les effets-méfaits de l'âge avec un humour qui frise parfois le cynisme, manière de conjurer le sort en le maintenant à distance. Préparez donc vos mouchoirs, nous allons entrer dans la description de leur grande déglingue corporelle. Par celles qui le vivent et ne l'avaient peut-être encore jamais dit en ces termes. Des termes plutôt crus.

2.

La déglingue

Allez, nous n'allons pas vous dorer la pilule, 50 ans n'est pas un âge facile et vous le savez bien ! Alors, le meilleur moyen de vivre ce foutu âge n'est-il pas d'oser voir, constater, affronter ce qui se passe ? Vous allez lire des récits imagés et parfois outrés – selon le degré de cynisme et d'humour de celles qui racontent – sur la manière dont les femmes découvrent, jour après jour, les basses œuvres du temps sur leur corps, leur peau, leurs yeux, leur silhouette... Mais, souvenez-vous, vous aviez été prévenues par Juliette Greco... « Si tu t'imagines, fillette, fillette, qu'ça va, qu'ça va, qu'ça va durer toujours... Ce que tu te goures » et vous saviez qu'il faudrait un jour « faire gémir le corset de fer sous le pull en cachemire... ».

Et c'est ainsi que la première rencontre avec le vieillissement se fait un beau jour insidieusement, sournoisement, sans qu'on y prenne vraiment garde et surtout sans qu'on veuille l'accepter. C'est ce que raconte Laurence, 52 ans, directrice de la communication dans un groupe industriel, belle femme, belle vie. Tout pour être – paraître – heureuse (des grands enfants à l'étranger, un amant disponible, un appartement-refuge sympathique, une belle et récente promotion) mais le choc, un matin : « Je me suis levée avec une drôle de tête ! J'ai d'abord pensé que cette mauvaise mine était exceptionnelle... je me suis dit : "J'ai le teint brouillé à cause de tout ce que j'ai mangé et bu ce week-end et puis je vais avoir mes règles, pas étonnant..." bref, j'ai essayé de me rassurer. Le problème, c'est que la même mauvaise tête a continué. Alors, pour me réveiller le teint, je me suis pincé les joues : elles n'ont pas réagi, elles sont restées pincées même quand j'ai retiré les doigts... Je me suis dit : "Tu es fatiguée, ma cocotte, prends des vacances." En fait, je ne savais pas que j'étais tout simplement en train de franchir un tournant et que je ne retrouverais plus jamais mon inaltérable bonne mine. » Ce constat, quelles sont les femmes qui ne l'ont pas fait un jour devant le miroir, ce salopard, ce mouchard ? Pour certaines, ce sont les rides, pour d'autres, l'affaissement, la prise de poids, les poches sous les yeux... Mais on n'est pas une baby-boomeuse battante pour rien, alors la réaction ne s'est pas fait attendre. Laurence s'est d'abord arrangée pour se rassurer, en évitant de faire face au problème dans sa globalité. Elle l'a découpé, l'a « rationalisé » : « Je n'étais pas vieille, non, j'avais juste du mal à lire, c'était à cause des ampoules qui éclairaient moins. Mes cheveux tombaient ? Normal, c'était l'automne et, en automne, les arbres perdent leurs feuilles. Je rampais le matin pour sortir du lit ? Normal, si je me décidais enfin à abandonner mes habitudes d'adolescente dormant sur un matelas au ras du sol ! Je ferais mieux d'avoir un vrai lit ! Bref, tout cela me paraissait simple et sans gravité. À chaque problème, je trouvais une explication et, bien sûr, une solution. J'ai commencé à fréquenter l'opticien, le dermato, le kiné... » Jusqu'au jour où Laurence découvre l'ampleur du problème : son image. « Là, ce fut le vrai grand choc : je me promenais tranquillement, heureuse de vivre, en regardant les vitrines. Et tout d'un coup, j'ai surpris une femme mûre qui marchait vers moi, un peu tapée, l'air absent ! Cette femme... c'était moi. Cette étrangère, ce monstre, ce Goya, c'était moi. Voilà, je ne m'étais pas reconnue, j'avais terriblement vieilli et je ne m'en étais pas rendu compte. »

Et là, le monde commence à s'écrouler... Effondrement de la croyance en l'éternelle jeunesse qui jusque-là vous avait habitée. Révolte, désespoir et culpabilité : « Comment avais-je pu en arriver là, à quel moment n'avais-je pas été assez attentive, quand avais-je laissé s'installer cet infâme ramollissement ? » se demande alors Laurence. Comme si elle avait été la seule à devoir affronter ces choses-là ! « J'ai souvent l'impression que les autres ne sont pas comme moi, qu'elles ont mieux contrôlé, fait plus attention. Et puis je les regarde de près et je m'aperçois alors qu'elles n'ont peut-être pas les mêmes défauts que moi, mais qu'elles ne sont plus aussi parfaites... Il faut bien se faire une raison : je suis devenue pauvre en jeunesse, ma jeunesse est partie... Intérieurement, j'en pleurerais. En même temps, la rage monte, j'ai des bouffées de révolte. Le désespoir gronde. Pourquoi moi ? Pourquoi si vite ? Je trouve cela injuste. Je viens à peine de me construire et voilà que tout fout le camp. En trente ans, j'avais appris à me connaître, à mettre mes atouts en valeur, la taille de guêpe bien serrée, par exemple, mais aujourd'hui c'est quoi une taille ? Mon moral au beau fixe part en petits morceaux, c'est la débandade. Il reste quoi ? Et je suis quoi ? Une accumulation de petits problèmes et de grandes détériorations. Je ne me supporte plus ! »

Dur à entendre, dur à croire quand on la voit pourtant si dynamique. Mais ce n'est pas ce qu'on voit d'elle en l'occurrence qui importe, c'est ce qu'elle sent. On se voudrait consolatrice, rassurante, philosophe en clamant que la vie vaut plus que quelques délabrements. Mais à quoi bon ! Alors mieux vaut savoir, connaître, comprendre. La connaissance évite la solitude de la cinquantenaire avant la grande dégringolade, évite le déni, le combat d'arrière-garde ou le désespoir devant ce qui l'attend et qui s'appelle vieillissement et ménopause. Les faits sont là : la femme de 50 ans vit à travers la ménopause un moment crucial de son existence. Et ce ne sont pas les traitements hormonaux de substitution les plus adaptés et autres pilules de jouvence qui pourront lui redonner sa jeunesse. Juste la maintenir en bon état, ce qui, direz-vous, n'est pas si mal. Il n'empêche que les dégradations arrivent de-ci delà... même si elles ne s'abattent pas toutes à la fois et en même temps sur notre jolie cinquantenaire.

Griffures du temps et autres « petites misères »

Alors, allons-y... ! Asseyez-vous confortablement, respirez calmement, ayez à portée de main ce qui d'habitude vous console, un ours en peluche, du Prozac, des chocolats... Voici Nicole, 51 ans, femme d'un professeur de médecine célèbre, bien décidée à nous dresser la liste des horreurs. C'est sans aucun doute le milieu médical dans lequel elle baigne et l'humour dont la nature l'a dotée, qui l'incitent à faire le bilan des détériorations de son âge à si grands coups de scalpel... Car elle n'y va pas de main morte. Rassurez-vous quand vous aurez lu son témoignage, les suivants vous sembleront doux comme la peau d'un bébé. Jugez plutôt : « Pour moi, la cinquantaine, c'est le vieillissement par à-coups, pouf, on se dégrade et on ne remonte pas, la flacidité, la fluidité des traits, tu te défais de partout (de tout ?), tu t'affaisses, tu grossis dans des endroits immondes (par exemple les boudins le long de l'aine), tu découvres les plis transversaux dans le dos et puis les plis au-dessus de la taille, tu as les mains qui grossissent et la peau qui se tache, taches de vieillesse (ces fameuses fleurs de cimetière, comme on les appelle), bleus qui apparaissent sans raison apparente, tu as mal partout, tu récupères lentement, tu cicatrises lentement, tu as des fuites de pipi quand tu tousses, quand tu ris, quand tu sautes, quand tu danses le rock, tu as le ventre qui gonfle, les jambes qui gonflent et tu t'épaissis de partout... » Elle éclate de rire. Par pitié, Nicole, de grâce, épargnez-nous !

Les détériorations liées à l'âge et à la ménopause sont bel et bien réelles. Nous ferons l'économie des explications médicales : la littérature sur ce sujet ne manque pas, écrite par d'éminents spécialistes. Nous nous attarderons plutôt sur la manière dont les femmes concernées vivent, ressentent et décrivent ces atteintes physiques, elles qui, depuis la naissance, ont eu tout ce qu'elles voulaient et ont cru à la jeunesse éternelle... Sauf que, maintenant, elles n'y voient plus qu'avec des lunettes !

Les lunettes ou le grand flou ?

Ah, les lunettes, tout un roman ! C'est l'un des premiers signes visibles des ravages de l'âge. Pour celles qui jusque-là affichaient fièrement dix à chaque œil, la vue qui baisse, la découverte de ce flou qui, de près, fait danser les lettres et les chiffres, sont pour le moins déstabilisantes. Voilà que cette machine à laquelle on n'avait jamais pensé, parce qu'elle marchait jusque-là sans problème, a décidé de vous lâcher pour toujours. Voilà que la liberté d'action est sérieusement entamée par tous ces messages dont la vie quotidienne est truffée et qui deviennent inintelligibles : taper un code, lire un plan, lire une étiquette, et que dire des livres ! Bref, voilà que l'âge s'inscrit bel et bien dans vos yeux, sous vos yeux. Peut-être le pire pour les femmes qui s'accommoderaient de déficiences invisibles, mais sont atteintes au plus fort de l'image d'elles-mêmes par cette déclaration d'âge qu'instaure le port des lunettes. Au début, quand la déficience s'installe gentiment, nos précinquantenaires (car c'est souvent avant 50 ans que la chose s'installe) ne mesurent pas tout de suite l'ampleur du mal et de la gêne qui s'annonce. Elles ne savent pas encore qu'elles vont bientôt porter sur le bout de leur nez la manifestation la plus visible qui soit de leur âge, le signe parfait de l'horreur de vieillir pour elles qui se sentent si jeunes. Bref, qu'elles vont devoir désormais porter des lunettes. Et surtout qu'elles vont devoir vivre avec un intermédiaire entre leurs yeux et le monde, au risque de se faire passer pour une illettrée : « Oh pardon, mademoiselle, auriez-vous la gentillesse de m'indiquer le prix sur l'étiquette, je n'arrive pas à le lire, j'ai oublié mes lunettes. » Alors, un conseil dans ce genre de situation, vous avez plutôt intérêt à présenter bien. Pensez donc à vous habiller chic quand vous allez au supermarché ! Au début, nos précinquantenaires résistent. Elles allongent le bras – procédé le plus classique – et se mettent bien au jour pour y voir clair en pensant à tante Adrienne qui, à 79 ans, dit de son air sévère qu'il ne faut pas s'écouter, qu'il suffit de se forcer un peu et surtout de se mettre bien à la lumière pour y voir clair. Ça marche quelques mois. Jusqu'au jour où... Viviane, femme d'affaires, raconte son entrée en presbytie : « J'avais 47 ans, je me suis retrouvée en réunion devant un texte que tous les autres lisaient et moi derrière à la traîne qui n'arrivais à déchiffrer aucune lettre ! Sur le coup, je me suis débrouillée en disant qu'on verrait ce gros machin hors réunion pour ne pas perdre de temps ! Ouf, ce jour-là, je sauvai mon honneur de justesse. Mais le lendemain, panique : et si j'étais tout bonnement en train de devenir aveugle ? » Il fallait agir : Viviane prit donc la direction de l'ophtalmo, qui lui dit tout de go : « Quel âge, madame ? mais c'est normal, madame, à votre âge, tout va bien, tic, toc. » Elle repart avec une ordonnance pour « corriger ses yeux de vieille », se retrouve avec de fort jolies montures, modernes, cerclées, branchées. Et se réconforte en se disant que ça va lui donner un petit air sexy, vous savez comme dans les films hollywoodiens, où de magnifiques créatures sont toujours affublées de petites lunettes cerclées, histoire de leur donner l'air sérieux... Ben voyons, rêve toujours !

Son calvaire ne faisait que commencer. Quelques jours plus tard, au bureau... : « Tiens, vous portez des lunettes maintenant ? Bienvenue au club ! » Ah cette expression qui, désormais, accompagnera la vie des cinquantenaires, expression favorite de la grande confédération des vieilles qui vous accueillent dans leur groupe ; une de plus tombée dans le grand gouffre de l'âge et une rivale de moins dans le camp des jeunesses. Et vlan ! Ce ton grinçant, cette grande jubilation du malheur des autres. Les mois, les années passent. Viviane en est à sa troisième paire, après avoir tout essayé. Un vrai parcours du combattant : des « progressives » à porter tout le temps ?

D'abord, il faut s'y habituer. Ça flotte, ça danse, surtout ne pas baisser les yeux en descendant les escaliers au risque de tomber, et ne pas les lever en lisant, au risque de ne rien voir. Viviane décide alors d'adopter les lunettes circonstancielles, celles que l'on ne porte que lorsqu'on en a besoin, sauf que les besoins dans la vie quotidienne sont permanents. Résultat : sa vie devient un roman qui pourrait s'appeler « À la recherche des lunettes perdues », ce qui non seulement prouve qu'elle a l'âge de la presbytie mais qu'en plus, elle perd la mémoire. Et puis, quel gouffre financier : « Il m'en fallut des dizaines de paires, une pour chaque sac, vu que j'en change tout le temps, une pour chaque étage de ma maison vu que ma maison en a plusieurs, une pour ma voiture, etc. C'est alors qu'une bonne amie me dit, droit dans les yeux – elle n'était pas trop près de moi, je pouvais donc bien la voir : "Mais, enfin, essaye donc les lentilles, c'est génial, tu verras." D'accord, on y va ! je me retrouve chez moi, avec les lentilles à me coller sur les yeux. » Branle-bas de combat dans la salle de bains. Prière de ne pas rentrer, Viviane met ses lentilles ! Surtout, bien se laver les mains avant usage, ne pas mettre les lentilles à l'envers, ne pas mettre la droite sur l'œil gauche, mais comment voir si elle est à l'envers quand on n'y voit pas, hein, vous pouvez me le dire ? « Allons, allons, madame, respirez un grand coup, lui dit l'opticien, tout le monde y arrive, alors pourquoi pas vous ? » Eh bien non, pas elle. Exit les lentilles ! Voilà, retour à la case départ. Re-lunettes. Et qui, en plus, lui font une vilaine trace sur le nez, quand elle les retire. Car elle les retire souvent, les cherche tout aussi souvent, à moins d'y mettre la petite cordelette. Ah non, quelle horreur, ça jamais, plutôt mourir ! Le pire, dans les transports en commun ! Paris-Bruxelles, vous avez un bel homme devant vous, vous le regardez du coin de l'œil – on ne sait jamais. Alors ? Deux solutions : Lire ou ne pas lire. Autrement dit, les sortir ou les laisser au fond du sac ? *Le Monde* offre l'avantage des gros titres, mais bon, sur un Paris-Bruxelles, on en aura vite fait le tour. Il faudra donc bien un moment ou l'autre se résigner à les sortir de leur étui, ces foutues lunettes. Alors adieu, jeunes gens, rêves et fantasmes d'aventures ! C'est bête, bien sûr, il y a des choses tellement plus graves, n'empêche que, par moments, elle en pleurerait de rage, Viviane. Voilà, c'est ça les lunettes, la réalité de l'âge au bout du nez et tous les rêves de jeunesse qui s'envolent avec. Et puis, disons-le tout net, impossible de s'habituer à l'emmerdement que ça représente. Vous êtes-vous retrouvée un soir d'invitation à dîner devant un immeuble avec à taper le code d'entrée que vous avez bien sûr oublié ? Le sac dans une main, le bouquet de fleurs dans l'autre, les lunettes à trouver, l'agenda à ouvrir pour y lire le code. Mais il y a pire encore. La nuit, en voiture, en grande banlieue, pas de lumière, le plan sur les genoux, les lunettes à remettre à chaque fois pour y voir de près, vu que de loin vous y voyez, et derrière, les petits jeunes qui s'impatientent, qui klaxonnent et qui risquent à chaque instant de vous lancer : « Alors t'avances, ménopausée ! » À croire que le chiffre 50 est écrit sur les verres. À croire ? Non, non, il l'est ! Alors, Viviane se venge et regarde les femmes autour d'elle : « Je les trouve comment ? Disons pas jeunes, et encore je suis gentille. J'ai un peu honte, mais quand je rencontre une femme qui me fait le coup des lunettes, qui les cherche, les met quelques instants, les repose, discute en les agitant comme si de rien n'était, je pense qu'elle est vieille et qu'elle ne le sait pas. Alors je pousse encore plus loin la traque aux signes... Je cherche ses racines et je les vois, hi, hi, hi, les vilaines, elles sont toutes blanches, je traque les rides sur son cou, il y en a, et je lui trouve des vilains plis sous le tee-shirt. Bref, sûr que si elle n'avait pas exhibé ses lunettes de vieille, je ne serais pas allée chercher tout ce qui s'ensuit... » Les lunettes, que voulez-vous, c'est la première halte du chemin de croix des cinquantenaires. Aux alentours de la cinquantaine et parfois déjà bien avant, la vue baisse et mieux vaut s'habituer à l'idée : ça ne s'arrangera pas. Votre vue ne cessera pas de baisser. À 50 ans, la capsule cristalline d'origine n'a plus que 50 % d'élasticité, à 80 ans, il en restera 15 %.

Pas la peine de paniquer, c'est agaçant, mais franchement, on n'en meurt pas ! Il y a pire. Le ramollissement de la peau, par exemple ! Allez, on continue. Vous êtes prête ?

La peau qui lâche

Le problème, c'est que, dans le cas de la peau, il ne s'agit pas d'un organe qui voit ses performances diminuer, non, c'est toute l'enveloppe corporelle et son contenu qui sont touchés. Et le miroir, encore ce salopard, est là pour en témoigner. Martine, plantée devant, ne se fait pas de cadeau. Elle s'amuse à se faire un lifting imaginaire, accompagnant de mots crus le geste, impitoyable, comme pour conjurer le sort : « Dans un excès de lucidité, je me tire la peau. J'ai trois points faibles : le cou, les cuisses, le ventre. Il y a beau avoir du muscle en dessous, la peau est distendue, alors méchamment, sans aucune indulgence pour moi-même, je pince la peau et je la remonte, comme si je faisais subir un lifting à la face interne de mes cuisses. Puis je passe au cou et là je tire vers la nuque. J'aimerais bien faire la même chose avec le ventre, mais je n'ai pas assez de mains pour tout remonter en même temps. Je tire sur les peaux, je m'aide du coude et je me dis : « "Eh bien, ma petite cocotte, faudrait me retendre tout ça. Demain, quand je serai riche !" Ou bien alors je hausse les épaules et je me dis : "Mais non, mais non, ce que tu vois dans la glace, ce n'est pas la réalité, c'est le miroir qui déforme." Ben voyons. » Martine se focalise aussi sur la qualité de la peau... et elle y va au bulldozer. « Attendez, il faut que je précise, la peau ne fait pas que se ternir et perdre son éclat, c'est bien pire, elle devient grise. » Et pour agrémenter la description, la rendre plus savoureuse au cas où elle n'aurait pas encore achevé son interlocutrice, Martine utilise un mot des plus charmants : « On dirait du pâté de tête ! » Pouah ! On continue la description ? Un break peut-être avant de poursuivre ? Car ce qui suit n'est guère plus ragoûtant : « En plus, la peau est sèche et sur le corps on dirait du crocodile. J'ai beau nourrir et renourrir, le crocodile reste. Quand ce n'est pas de la peau de crocodile, c'est comme de la peau de chagrin, un peu grenu, quand tu touches, ça fait un léger effet grattant. Je n'étais pas une beauté mais j'avais une peau de satin, c'était important pour moi, maintenant je me sens dévaluée. Le satin est comme bouilli et cartonné. Sur le visage, en plus, il m'arrive d'avoir des boutons, genre acné, comme lorsque j'avais 15 ans. Ça me laisse désemparée, je ne sais plus quoi faire. Et je n'ai pas dit le pire... » Vous êtes proche de l'évanouissement ? Allez, tenez encore un peu... « J'ai du mal à le dire tout haut tellement les images qui sont derrière me font peur. Je pense aux grand-mères d'autrefois, je pense aux sorcières et j'ai peur. Allez, je le dis, ne riez pas, j'ai un poil au menton, très dur et très noir. Je l'arrache bien sûr mais il repousse en permanence. Alors je passe mon temps à le chercher et quand je le sens tout raide sous mes doigts, je me dis : "Je vais m'évanouir, c'est trop." » Pour nous aussi. Merci, Martine. Pour la peine, nous vous offrirons une superbe pince à épiler ! Elles ont beau être toutes encore de fort jolies femmes, les unes rient, les autres pleurent : « Mon physique a changé, je me dégoûte, dit Chantal, 49 ans, directrice des ressources humaines dans un groupe d'assurances. Mon corps me dégoûte. J'ai l'impression d'avoir des cuisses en tôle ondulée. Je ne mets plus de jupe, même longue. Je ne porte que des pantalons, même l'été. »

Pour Catherine, c'est un peu tout qui fout le

camp : « La peau lâche, l'ovale de mon visage devient flou. Le contour du visage est devenu mon obsession. Le contour des cuisses et des genoux n'est plus net. Mes seins s'affaissent, je le vois quand je me mets de profil. » Sans parler des médecins eux-mêmes qui en rajoutent dans le cynisme : « Seins partiellement déshabités », dit un jour un gynéco fort galant à sa patiente, une belle femme pourtant, ayant encore une fort jolie poitrine.

En résumé : trop de peau, chair trop molle et qui s'affaisse. Mais pourquoi donc cette débandade généralisée ? Sachez qu'à partir de 50 ans, la peau du visage s'affaisse de 2 mm par an. Explications [1] : « La couche cornée se dessèche, les sécrétions sébacées s'amoindrissent et les sécrétions sudorales se tarissent. Ces phénomènes, associés à bien d'autres manifestations internes, fonctionnelles et organiques, sont à l'origine de l'altération des fonctions de la peau. Il en résulte une peau sèche et rêche. » Voilà pour la peau de crocodile et de crapaud...

Le constat clinique est sans appel. Et ce qui arrive est normal et prédictible. Douloureux, pénible, intolérable peut-être, en tout cas, à ce jour, inéluctable... Mais on peut toujours améliorer la situation, et les femmes ne s'en privent pas (à commencer par celles à qui l'on doit les descriptions redoutables que nous venons de lire).

---

1. Ph. Franceschini, *La Peau et son vieillissement*, Flammarion, coll. « Domino », 1998.

Dieu, que ma crinière était jolie !

Où est ma chevelure d'antan ? La cinquantaine est un âge où les cheveux (et pas seulement les cheveux, les poils aussi) se raréfient et où les ongles se modifient. Détails, direz-vous, dans le tableau général ! Certes, d'ailleurs toutes les femmes n'en parlent pas. Il n'empêche, ce n'est pas un scoop : les cheveux deviennent blancs et moins épais. En général, le premier cheveu blanc est arrivé il y a déjà bien longtemps et la teinture est devenue une seconde nature. Au point que certaines femmes seraient incapables de dire exactement quelle est leur couleur « naturelle ». Du même ordre et pourtant combien plus problématique, le poil. Trivial ? Le fait est là : il y a de fortes chances pour qu'à cheveu blanc corresponde poil blanc. On aborde là l'indicible, la vieillesse qui marque le sexe alors que celui-ci est, par essence, l'emblème triomphant de la jeunesse. Plus que le cheveu blanc qui, lui, peut être caché voire transformé, le poil blanc est angoissant. Certaines évoquent, de manière allusive, ce moment délicat, difficile, dans les relations amoureuses, quand leur sexe nu est exposé au regard de l'amant et que les poils blancs ou gris clament haut et fort la non-jeunesse de leur propriétaire. « Tu sais ce qui m'arrive ? lança le jour de ses 52 ans Françoise à sa copine Babette, c'est l'horreur, j'ai découvert que j'avais des poils blancs au pubis. Et puis, du coup, j'ai observé, j'y ai regardé de plus près et j'ai remarqué tu sais quoi ? Ils défrisent, ils deviennent tout raides et il y en a moins. Qu'est-ce que je peux faire, tu crois que ça se teint ? » Mais oui, Françoise, bien sûr ! Une femme très jeune d'apparence, à l'allure presque adolescente, explique ses manipulations intimes pour teindre ce poil qu'on ne saurait voir... Sa franchise vient peut-être du fait qu'elle a dû faire face à un blanchiment précoce. Elle a donc procédé à des opérations de camouflage, acte normal de réparation d'un avatar génétique. Sans doute serait-elle moins à l'aise si des années de pratique n'avaient banalisé son geste : « Eh oui, je me teins. C'est un peu compliqué mais avec les produits actuels, on y arrive. Je mets de la teinture à cheveux. Je suis tranquille pour quelques semaines. »

Besoin d'explications ? Arrêtons-nous encore quelques instants sur l'impitoyable constat de la science médicale : « Les cheveux (comme les poils) subissent une involution chez les deux sexes, mais elle est plus nette chez les femmes après 50 ans (de nombreux hommes ayant déjà perdu leurs cheveux pour d'autres raisons). D'une manière générale, les cheveux se raréfient, deviennent plus fins, moins denses, et blanchissent. La chevelure opulente de nos 20 ans est due au fait que deux ou trois cheveux émergent de chaque pore folliculaire. Après 40 à 50 ans, un ou deux cheveux subsistent par pore folliculaire, et au-delà de 70 ans, il n'en existe plus qu'un seul[1]. »

---

1. *La Peau et son vieillissement*, *op. cit.*

Les ongles aussi se mettent à changer au fil des ans. Adieu, les ongles fins et mous du bébé que nous fûmes, adieu, les ongles forts, solides, souples, élastiques, réguliers et brillants de nos 20 ans. Les voici devenus durs, épais, ternes, striés et cassants, poussant au ralenti et s'effritant quand on les coupe. Quant aux orteils, même tableau : il paraît que l'ongle du gros orteil pourrait à lui tout seul déterminer l'âge physiologique. Nos interviewées n'y pensaient pas mais voilà qu'un nouveau souci se profile : on a l'âge de l'ongle de son gros orteil... Alors, on oublie les nu-pieds ?

Les kilos qui s'accrochent

Ah, le poids ! Tout commence avec le premier kilo, le petit kilo qui va, qui vient et qui s'installe définitivement en attendant les suivants. Il va falloir résister et se battre ! Pas si simple. Mais, direz-vous, quoi de neuf sous le ciel des cinquantenaires ? La prise de poids n'est-elle pas une préoccupation permanente qui accompagne la vie d'une femme ? Certes. Le problème c'est qu'avec l'âge, les kilos collent définitivement aux flancs. « À 20 ans, quand on grossit, on sait pourquoi. C'est qu'on a fait bombance ou que l'on compense. Mais à 50 ans, quand on grossit, c'est sans raison. Ou plutôt si, c'est l'âge. » Catherine, toujours svelte pour un regard non averti, proteste contre ses quatre kilos pris en un an ! « Moi qui n'ai jamais bougé sauf au moment des règles ! Un kilo, un kilo et demi avant les règles, qui disparaissait aussitôt,

14 kilos à la grossesse qui disparaissaient dans les trois mois. J'ai grandi avec la légende familiale selon laquelle ma grand-mère faisait un 42 cm de tour de taille toute sa vie... Alors, je me suis raconté des histoires. J'ai pensé que je mangeais trop salé, que mon traitement hormonal n'était pas au point, que c'était la faute aux saisons. Bref, n'y pouvant plus, j'ai appelé ma gynécologue au secours. Elle m'a dit qu'il était normal de grossir et que c'était l'inverse qui serait anormal. À 50 ans, vous "devez avoir 4 à 5 kilos de plus qu'à 25". Pour rester au même poids, il faudrait que je prenne 1 200 calories par jour, autant dire rien. Bref, selon elle, rien à faire d'autre que d'accepter. Ça veut dire quoi 4 kilos en plus ? Eh bien, ça veut dire une taille de plus, voire deux. Parce que, voilà, les kilos sont mal répartis. Même taille en haut, mais une taille de plus en bas. Et encore à la taille et au ventre, il faudrait deux tailles de plus. Bref, on passe de la silhouette Yo-yo au rectangle parfait. Une chance, je n'en suis pas à la bouteille Perrier ! » Les médecins le confirment : « L'augmentation et la répartition des graisses sont directement liées à la carence hormonale. À la ménopause, de gynoïde (cuisses et fesses), elle devient androïde (abdominale). La prise de poids et la modification du schéma corporel sont inéluctables. »

Cette modification peut s'évaluer par la mesure du rapport taille-hanches[1]. Prête au calcul ? Amusez-vous, prenez des mesures. Si votre tour de taille

1. *Femmes, médecins et ménopause*, ouvrage collectif, Berger-Levrault, 1999.

divisé par votre tour de hanches est supérieur à 0,80, vous avez une silhouette androïde. Joli, non ! Le phénomène est si « naturel » qu'une créatrice de mode explique que, selon le positionnement de la marque, les mensurations changent légèrement. Si la marque est une marque jeune, le tour de taille d'une taille 40 sera mince, si la marque s'adresse à des femmes mûres, la même taille 40 que l'on aurait pu croire standard « bénéficiera » d'un tour de taille plus important. Réconfortant, non ?

Cet exposé des désordres physiques, durement ressentis par les femmes, n'a pas pour objet de créer le désespoir, mais juste de provoquer cette distance indispensable à l'acceptation. D'autant que tout n'est pas dit et que le plus pénible est encore à venir.

Sexe and blues

Continuons donc cette plongée au pays des dégradations mais, cette fois, du côté du très intime. Ce ne fut pas toujours facile à dire pour nos interviewées mais nous ne sommes pas à la télévision. C'est toute la force de l'écrit qui garantit l'anonymat.

Moi, vierge ? Impossible !

Serais-je redevenue vierge ? Mais qu'est-ce qui m'arrive, moi qui aimais tant faire l'amour, voilà que je le redoute ! Dévastatrice, cette impression... comme le raconte une femme, grande amoureuse devant l'Éternel : « La première fois que j'ai eu cette sensation de râpe pendant l'amour, j'ai pensé que j'avais plus envie de faire l'amour dans ma tête que dans mon corps, que j'étais fatiguée, que c'était normal. Alors, je me suis forcée... À mon âge, on a du savoir-faire. J'ai réussi, mais quelle souffrance ! Sale moment. Le problème, c'est que ça a continué. Mon mari a immédiatement conclu que je ne le désirais plus et a donc décidé que ce n'était plus la peine de faire des essais. Il avait raison, j'étais vraiment sèche et comme racornie. Là, je me suis dit : “Si tu ne peux plus faire l'amour, ma fille, alors tu es immensément vieille” et j'ai pleuré sur moi. C'était un peu comme si je quittais le monde. J'entrais dans le couvent de la vieillesse. J'ai pleuré de ne plus avoir un sexe vivant et humide, d'être morte à cet endroit-là de mon corps. Et puis, j'étais terrorisée à l'idée de faire l'amour. Je n'osais même plus me toucher de peur d'être confrontée à ce vagin atone, en carton ondulé. J'ai été sauvée par le gynécologue qui m'a dit sur un ton banal : “Vous avez un peu (un peu, j'aurais aimé le voir à ma place) de sécheresse vaginale.” Il m'a prescrit des ovules et un traitement hormonal : formidable, je suis redevenue comme avant. » La sécheresse vaginale est en effet un des phénomènes qui peuvent survenir avec la ménopause. Les statistiques montrent bien que c'est l'un des symptômes les plus fréquents chez les femmes ménopausées : 22 % des femmes, voire plus compte tenu de celles qui se taisent. Bénin, car rien ne se répare aussi facilement. Le traitement hormonal fait des merveilles. Mais pas étonnant que la libido soit en berne ! Vagin sec, peur de l'échec, peur du rejet par le partenaire ne constituent pas les conditions idéales pour une libido d'enfer. De nombreuses enquêtes font en effet état d'une baisse de la pratique sexuelle : il y aurait entre 20 et 50 ans un changement d'unité. Toujours une fois, mais à 20 ans, une fois par jour, et à 50, une fois par semaine... Certaines femmes reconnaissent qu'elles sont effectivement moins motivées pour faire l'amour, que ce n'est plus n'importe où et à n'importe quel moment. Même les plus ardentes sont moins enflammables. Brigitte parle de ses amours avec la grande liberté qui caractérise sa génération. Elle raconte en particulier ses toquades, heureuse d'évoquer ses beaux souvenirs ! « Je pouvais fondre pour un homme rencontré n'importe où, dans le métro, dans le bus. Je rentrais de certaines réunions de travail excitée comme une puce. J'avais du mal, après certains déjeuners d'affaires, à ne pas rêver d'un lit plutôt que d'un bureau. Maintenant, j'y pense moins et je n'ai plus le ventre en feu. »

Difficile dans ce domaine de poser des faits indiscutables, tant l'histoire et le vécu de chaque femme sont singuliers. Ce qui est sûr, c'est que la ménopause peut effectivement entraîner une diminution du désir et du plaisir au toucher, une prolongation du temps de réaction à l'orgasme. Mais l'on sait bien aussi que d'autres paramètres que physiques entrent en jeu dans le maintien du désir. Pour éprouver du désir, encore faut-il avoir envie de le susciter. Or nous verrons, dans le chapitre suivant, combien le passage de la cinquantaine peut provoquer chez les femmes concernées un sentiment de perte de séduction.

Lassitude, fatigue et déprime

Le sexe, le sexe, les femmes ne penseraient-elles donc qu'à cela ? Non, bien sûr ! Il y a le désir de vivre tout court et d'entreprendre. Se lever le matin, fraîche et rose, et penser aux plaisirs qui s'annoncent. Mais cette énergie, cette forme ne se décrètent pas : Roselyne qui était si fière de son corps et de sa belle énergie avoue qu'elle est bien obligée aujourd'hui d'en découdre : « Après quatre maternités, j'étais fière qu'on se retourne sur moi sur la plage. J'étais toujours la première à faire de la planche à voile, la première le matin à être levée aux aurores pour aller jouer au tennis, la première pour aller faire du bateau. Maintenant, il y a un problème bien réel, la machine ne suit plus. J'ai mal au dos, la mécanique se détraque, j'ai dû arrêter de faire du sport comme j'en faisais jadis, à haute dose. J'en fais maintenant par nécessité, pour que ça ne dégouline pas trop, je ne peux plus en faire par plaisir comme avant. Le corps me rappelle à l'ordre. Maintenant, je skie papy-mamie. Ma machine s'use et je ne supporte pas cette image de moi. »

Fatigue, mauvaises nuits, moments de déprime... certaines femmes ne comprennent pas leur état.

Radieuse, un sourire à vous faire croire que le monde est beau et que les lendemains vont chanter, Nathalie, 49 ans, est perplexe : « Mes enfants vont bien, pour le moment, en tout cas. Ils bossent bien, on s'entend bien. Mon homme et moi, nous avons trouvé le mode de fonctionnement qui nous convient. Question boulot, tout va bien, j'ai eu peur au moment de la fusion et finalement je me retrouve directrice internationale. Non seulement je n'ai pas été mangée, mais j'ai même été promue. Ma santé ne me pose aucun problème. Et pourtant, ça ne va pas, je ne me sens pas bien. Je suis fatiguée, sans raison apparente. » Aucun doute, à 50 ans on est plus fatiguée qu'à 30 et surtout on récupère beaucoup moins vite. « Quand la fatigue me tombe dessus, je ne peux plus rien faire qu'au prix d'efforts gigantesques, avoue-t-elle. Je me dis que je dois avoir au moins un cancer généralisé pour être aussi lasse. Mais attention, ça ne me prend pas seulement dans l'autobus après une journée de travail. Le week-end, c'est pareil. Je fais la liste de ce que je dois faire et de ce que je voudrais faire, j'en balance la moitié et je finis mon dimanche avec l'impression d'être aussi accablée que le vendredi soir... Il faut dire aussi que je dors mal. J'ai toujours dormi comme un enfant. Je me réveillais bien dans mon corps. Maintenant, je me réveille à 3 heures et demie, quelle que soit l'heure à laquelle je me suis couchée. J'essaie de me rendormir, je m'agite. Et le matin, j'ai une tête à faire peur ! À l'extérieur je suis bouffie, et à l'intérieur je me sens en plein décalage horaire. » Lassitude, fatigue, blues ! Moment de transformation, la ménopause entraîne quelques troubles du sommeil et de l'humeur que les traitements font aisément disparaître : 26 % des femmes ménopausées ont des insomnies et 38 % sont dans un état dépressif. Blues des 50 ans, blues de la ménopause. Normal...

Qui suffoque et grelotte

Trop froid, trop chaud... Eh oui, ce sont les bouffées de chaleur, phénomène bien connu au pays de la ménopause. Elles apparaissent aussi vite qu'elles disparaissent une fois traitées. N'empêche qu'elles sont une des manifestations les plus désagréables de cet âge. D'une nature aussi indiscrète que les lunettes, les bouffées de chaleur énoncent à la face du monde que cette femme-là qui ruisselle, qui suffoque, qui s'évente, qui cherche à échapper aux regards, est « atteinte » de ménopause. Sa vie la plus intime est exposée publiquement : bouffée de chaleur, la moucharde ! Bien sûr, quand on est enceinte, ça se voit... Mais c'est une manifestation intime et glorieuse, valorisée par la société. Le rougeoiement, la sudation et la suffocation ne sont pas dotés de ces attributs-là... C'est vraisemblablement le signe physique le plus insupportable moralement. Françoise Chandernagor évoque cette expérience « unique » dans la vie d'une femme [1] : « Malgré mes châles, mes bouillottes, je tremblais de froid. Et puis, tout à coup, rejetant pelures et édredons, j'ouvrais

1. *La Première Épouse*, éd. de Fallois, 1998.

les portes, m'élançais sous la pluie : la peau me cuisait, je brûlais. Givre et flammes : dérèglement de la machine ; plus de thermostat intérieur. Une affaire d'âge probablement... » George Sand, elle, était plus précise. À 49 ans, elle écrit à son éditeur : « Je suis aussi bien que l'on puisse être compte tenu de la crise de mon âge. Jusqu'à présent, les choses se sont passées sans problèmes importants, mais avec des suées que je trouvais insurmontables, et qui sont risibles parce qu'elles sont imaginaires *(sic)*. Je fais l'expérience de suer quinze ou vingt fois par jour... J'ai à la fois la chaleur et la fatigue... Cela m'épuise. »

On arrêtera là les citations littéraires pour la bonne raison que le sujet n'a pas vraiment inspiré les écrivains. Il y a pourtant fort à dire. Florence décrit « l'accès » en ces termes : « Une vague de chaleur extrême où l'on se sent devenir rouge carotte, puis ensuite le froid qui te glace. Ça te réveille, ça vient sans prévenir, tu as l'impression que tu vas exploser. Dix, vingt fois par jour, l'horreur ! Quand j'ai eu mes premières bouffées de chaleur, j'ai été assaillie par la honte. Or la honte, c'est un sentiment qui m'est totalement étranger. Alors, honte de quoi ? En y réfléchissant bien, c'est la honte d'avoir été rattrapée par ma condition, par mon corps. Une indignité du corps. Moi qui avais tout maîtrisé, mes maternités, mon divorce, mon métier, ma vie, voilà que mon corps m'échappait. »

Sylvie, pour sa part, eut sa première attaque en pleine discussion professionnelle : « La première fois que j'ai eu une bouffée de chaleur, j'étais au restaurant en train de discuter gentiment avec des collaborateurs. J'ai brutalement suffoqué, j'avais du mal à parler. Je me suis mise à bouillir, je suis devenue écarlate, je manquais d'air. J'ai pensé au malaise cardiaque et alors j'ai senti que mon front coulait. Je me suis mise à avoir froid. J'étais effarée par ce qui m'arrivait. J'ai dit d'une voix assurée, enfin j'espère qu'elle l'était : "Excusez-moi, j'ai des troubles, c'est la fatigue." C'est seulement bien après, quand je me suis retrouvée seule dans mon bureau, que j'ai pensé aux bouffées de chaleur. J'ai dédramatisé en me disant qu'il suffisait que j'évite le stress, les discussions difficiles, les vêtements chauds, les restaurants enfumés. Simple non ? À ce moment-là, je le croyais encore ! » Mais il y eut une deuxième fois : « Je sortais de chez moi, impeccable, douchée, parfumée, brushée. J'allais bosser et je devais être en beauté. Je passe ma porte, il faisait froid, je vais vers ma voiture et là, avant même de l'atteindre, la douche de sueur. Panique. Je rentre chez moi, je recommence douche, parfumage, ré-habillage, même les dessous. Évidemment, je suis arrivée en retard à la réunion, stressée et terrorisée à l'idée que cela pourrait recommencer... Je ne voudrais pas avoir l'air geignarde mais c'est très pénible. C'est pénible pendant, parce qu'on a le corps en révolution et que tout le monde le voit. Pénible après, parce qu'on est lessivée, crevée. Pénible avant, parce qu'on a toujours peur que ça arrive au mauvais moment. Ce n'est pas mortel. Non. Mais ça vous gâche la vie. »

Ça n'arrive pas qu'aux femmes directrices générales, comme Sylvie. Les Américaines, femmes au foyer, ont un mot pour désigner les conséquences de leurs sautes de température : la guerre du thermostat. Elles règlent en effet le thermostat en fonction de leur température intérieure : bouillonnement ou glaciation. Et quand le mari rentre, la guerre du thermostat commence... 67 % des femmes ménopausées ne suivant pas de traitement ont des bouffées de chaleur... 45 % des femmes de 45 à 55 ans. On peut donc estimer qu'une femme de 50 ans sur deux a des bouffées de chaleur. Mais, au fait, de quoi s'agit-il ? En termes médicaux, voici ce qui se passe : conséquence directe de l'effondrement du taux d'œstrogènes, « les bouffées vasomotrices se déroulent typiquement en trois phases[1] : une sensation de chaleur débute au niveau de la face et du cou, puis s'étend vers le thorax et les épaules, et éventuellement se généralise. Les bouffées vasomotrices s'associent à une hypersudation et à des palpitations liées à une augmentation du rythme cardiaque. Enfin, la phase de résolution peut se caractériser par des tremblements et des frissons. »

On ne peut pas clore l'énoncé des tracas de la ménopause sans évoquer un autre problème, ô combien tabou, celui des fuites urinaires. Mais sur les fuites, peu de fuites, c'est le silence qui prévaut. Difficile d'en parler. Et, pourtant, elles existent, les médecins l'attestent. Une femme a témoigné, affreusement gênée, comme si elle était coupable et menacée d'exclusion de la communauté des

1. *Femmes, médecins et ménopause, op. cit.*

humains... Il ne s'agit pas d'incontinence urinaire, mais d'une réponse ou d'une non-réponse de la vessie dans des moments hors contrôle : quand elle tousse, quand elle éternue, quand elle rit brutalement. Quand elle danse le rock ou soulève un objet lourd. Efforts, surprises, rhumes... attention, danger ! Les statistiques montrent que le phénomène n'est pas rare : une femme sur quatre tous âges confondus en France. Pourtant, ce n'est qu'au prix d'une interrogation subtile et patiente que les gynécologues parviennent à obtenir des confidences. Rire... danger, en parler... honte suprême.

Autres petits glissements... vers la vieillesse

Enfin, pour clore cette chronique des symptômes d'un vieillissement annoncé, on parlera bien sûr de toutes ces manifestations qui vous rappellent à l'ordre et ne sont plus réparables en une nuit de sommeil, fût-elle bonne. Les articulations moins souples, plus coincées. La périarthrite de l'épaule qui s'installe. Le manteau plus difficile à enfiler, le dos crawlé un peu triché, les objets lourds qu'on évite de porter, le cou qui tourne moins bien, la priorité à droite plus difficile à respecter ! Normal, la carence œstrogénique joue aussi sur les articulations... Sans parler de la mémoire qui s'effrite. Au début, on en rit, après, on enrage. « Quand ma mémoire a vraiment commencé à me faire défaut, ça m'a d'abord amusée, raconte Corinne, linguiste... Je faisais des lapsus, je cherchais des synonymes. Ça enrichissait la conversation. Et puis un jour, je n'ai plus trouvé les synonymes, plus rien, le blanc. Mais je sais que les mots sont dans ma tête. Alors je m'oblige à les chercher, je réfléchis à la manière de les retrouver pour pouvoir, la fois suivante, appliquer la même méthode. »

Chacune a ses faiblesses, ses « pour la dernière fois », ses « plus jamais »... Deux copines s'étaient juré de tenir le plus longtemps possible sur deux points qui leur semblaient l'incarnation d'elles-mêmes et le symbole de leur vitalité et de leur jeunesse : la roue et le bikini. Ce pourrait être une fable... L'été dernier, Édith a renoncé à faire la roue, cette belle roue qu'elle faisait à chaque fois qu'elle retrouvait le plaisir du sable fin et de la mer. Et elle disait à qui voulait l'entendre que le jour où elle ne pourrait plus jouer les acrobates, ce jour-là signerait son entrée en vieillesse. Ce jour-là est arrivé. L'été de ses 51 ans : « Maman, tu nous fais ta roue », lui lança sa fille admirative d'avoir une mère toujours aussi jeune. « Non, ma cocotte, lui répondit-elle, ta mère a l'épaule en compote. » Adieu roue, jeunesse et souplesse. Même deuil pour Catherine, mais version maillot de bain. À la fin de l'été, Catherine a rangé son bikini à rayures rouge et blanc dans une grande boîte marquée « vêtements-souvenirs ». Le ventre, vous comprenez, plus assez beau, le ventre. Alors, le maillot de bain a rejoint la robe de baptême et de communion...

Des coquettes ?

À les lire, à les entendre se décrire, on les croirait avachies, décrépies. Que nenni ! Belles, séduisantes, débordantes de charme (on aurait presque envie de rajouter un s). On eut envie parfois, au cours des interviews, de leur dire : « Halte, coquettes que vous êtes, vous n'êtes point ce que vous décrivez. » Mais qu'importe la réalité, si les premiers délabrements sont ressentis avec une telle force. Pour mineures qu'elles soient, les atteintes n'en sont pas moins perçues comme autant de violences.

Et n'allez pas croire qu'elles restent les bras croisés. Pas le genre de la génération... ! Faut donner le change ! Alors, elles se battent. Se soignent la peau. Passent des soirées devant la télévision les pieds dans des vieilles socquettes et les mains dans des gants de coton blanc achetés à la Samaritaine au rayon maître d'hôtel. Et sous les socquettes et les gants, devinez quoi ? Une grosse couche de crème épaisse pour nourrir les extrémités en voie de dessèchement. Un cuir bien entretenu est en meilleure forme qu'un cuir abandonné à lui-même. Et puis, elles se remuent. La plupart ont abandonné le terrain des exploits et des compétitions mais font du sport, grimpent les escaliers (regardez l'âge des femmes qui, dans le métro, préfèrent les escaliers aux escalators), se relaxent, nagent (en maillot une-pièce...). Et, bien sûr, elles consultent pour tous ces symptômes liés ou non à la ménopause en marche : bouffées, humeur, rhumatismes. « J'ai un programme sévère, raconte Éliane. Plus exigeant que lorsque les enfants étaient petits et que j'avais chaque semaine un dentiste, un pédiatre, une réunion de parents d'élèves... Une fois par semaine, au minimum, une séance consacrée non pas à l'amélioration mais à l'entretien de ma personne. Il y a la semaine coiffeur (les racines), manucure, un bonheur, les deux en même temps ! La semaine peau et, de temps en temps, en même temps poil. La semaine massage-drainage et la semaine médicale (gynéco, dentiste, kiné, il y a toujours quelque chose à réparer). Tout cela pour être correcte. Je prépare ainsi mon futur de petite vieille bien propre. »

La maintenance leur coûte de plus en plus cher en temps et en argent et elles savent que le résultat ne sera jamais plus le « flambant neuf ». Elles vont s'apparenter plutôt à la voiture de collection. Parfaite dans sa catégorie !

Resplendissantes à l'extérieur. Minées de l'intérieur. Telles sont les cinquantenaires de l'an 2000.

3.

Le moi en débris

C'était un lundi matin, au palais de la Mutualité qui abrite le Centre de ménopause, périménopause et prévention de l'ostéoporose. « Drôle d'endroit pour une rencontre avec la ménopause », se dit Elsa ! La « Mutu », pour Elsa, c'était jusqu'à présent les meetings de solidarité avec tous les peuples en résistance contre l'oppression. Elle ne savait pas que, deux ans plus tard, sa résistance à elle serait d'une tout autre sorte et la ferait entrer par une tout autre porte. Ce matin-là, donc, elle prit la porte de gauche. Centre de ménopause, 3e étage, c'était écrit sur le panneau. « C'est pour moi, se dit-elle, pour les femmes de mon âge. » Alors elle est montée, un peu honteuse, en regardant à droite et à gauche, histoire de voir si quelqu'un l'avait vue regarder le panneau, se diriger vers la consultation spécialisée, se signaler comme femme non pas de mauvaise vie mais de « mauvais âge ». La première fois, elle y était allée avec une copine, elles avaient rigolé toutes les deux de se voir ainsi dans la peau de périménopausées. Le rire et l'humour ont l'art de tenir à distance les moments difficiles de la vie ! Cette fois-ci, elle y retournait toute seule bravement, tout en faisant ses petits commentaires intérieurs : « Tiens, au secrétariat, la secrétaire est toute jeune. Tiens, à la caisse, la caissière a quelques heures de vol, une ménopausée de longue date, la vioque ! » pensait-elle, avec cette méchante condescendance que lui conférait le fait d'avoir trouvé encore plus vieux qu'elle ! Elle était encore une jeune « péri », qui ne savait pas ce que demain lui réserverait avec bouffées de chaleur, prise de poids, perte d'image et *tutti quanti.* Bref, Elsa était une « péri », ayant encore un peu de répit. Elle alla s'asseoir dans un coin et se mit à regarder les dames de la salle d'attente : des « encore-pas-mal-pour-leur-âge », des « qui-se-sont-laissé-envahir-par-la-graisse », des « qui-n'ont-sûrement-plus-vu-le-loup-depuis-des-lustres », des « qui-ne-veulent-pas-faire-leur-âge », des « qui-croisent-encore-haut-leurs-jambes-gainées-de-noir ».

La vision de ce symbole hautement féminin de la jambe qui se croise et se décroise lui fit penser à sa copine Aline, qui lui avait raconté la veille que, depuis qu'elle avait 50 ans, elle ne portait plus de jupes. Ses mots lui résonnaient à l'oreille : « Tu vois, le vrai changement à 50 ans, c'est dans le désir, le désir que je n'éprouve plus, le désir que je ne suscite plus. Parce que, franchement, il ne faut pas se raconter d'histoires, pour les mecs, à 50 balais, tu deviens transparente ! Que veux-tu, je ne suis plus "transportante" ! Avant, j'adorais porter des jupes avec des bas, pour avoir le sexe libre, maintenant c'est fini, je mets des pantalons. » Elle sourit intérieurement en se disant que, franchement, si elle était un homme, elle trouverait Aline, la belle Aline, avec ses cheveux blonds sur les épaules, ses hanches bien rondes, ses bras fermes et ses yeux qui pétillent, encore tout à fait transportante, mais bon, elle n'était pas un homme ! Le médecin la tira de ses réflexions sur cette grande question de « ce-petit-je-ne-sais-quoi-qui-des-femmes-mûres-détourne-les-hommes » et l'invita à pénétrer dans le secret de son cabinet médical : « Bien, alors, madame, vous êtes encore réglée » ! Et vlan, en plein ovaire !

La fin des règles

Ah, les règles, symbole s'il en est de la femme. On les détestait quand on les « avait », en viendrait-on à les regretter quand on ne les a plus ? Pas si simple ! Toujours est-il qu'avec les 50 ans qui pointent leur nez, ce n'est pas seulement la perte de la tonicité des tissus qui s'annonce, c'est aussi une autre fin, celle des règles et de tout ce qui va avec : jeunesse, fécondité, maternité... Bien sûr, depuis l'âge de 45 ans, les femmes savent qu'il en est « pratiquement » fini pour elles de faire des enfants. Toutes les techniques de procréation médicalement assistée auront beau faire, il n'empêche que l'horloge biologique qui se déclenche à l'heure de la ménopause sonne bel et bien le glas de leur maternité. Licenciées de la procréation pour cause hormonale. Et sans indemnité de mise au rancart.

Bien que progressive, la prise de conscience de l'entrée en ménopause, saluée par la fin des règles, est parfois difficile à assumer : « Alors que je partais en week-end, j'ai préparé ma petite trousse de Tampax au cas où, raconte Dominique, et puis j'ai calculé, cherchant dans ma tête le souvenir de mes dernières règles. Et là je me suis rendu compte que cela faisait plus longtemps que de coutume. Il y avait plus d'un mois, ça c'est sûr... Pourtant, pas de bouffées de chaleur, pas de suée nocturne, pas de dépression, pas un seul de ces symptômes qu'on nous promet habituellement. Étais-je donc en train de passer doucement de l'autre côté ? J'ai continué à surveiller, j'attendais la trace de sang. Je la scrutais. Elle ne venait pas. Un drôle de truc, cette absence, je l'ai alors ressentie comme un manque, comme un ralentissement de tout mon corps, comme une force de vie qui était en train de me quitter... J'ai eu du mal à me rendre à l'évidence. »

La fin d'un rythme

Plus de sang, plus de cycle... L'évidence qu'il faut désormais vivre sans ce rythme et son rituel, sans ce cycle qui a marqué les femmes depuis leur plus tendre puberté. Conditionnée par trente-cinq ans au moins de vie cyclique, la femme privée de règles se retrouve sans règles dans tous les sens du terme. Avec et grâce à elles, le temps n'est pas linéaire. La vie des femmes prend son pas dans celui des planètes. Une cadence qui les relie à la Lune, aux marées, les remet dans une grande histoire de la Terre, de la nature, de l'humanité. On raconte que certaines femmes coupées du monde (et de la nature), en milieu carcéral par exemple, cessent d'avoir leurs règles. Souvenons-nous de Jeanne Moreau qui, dans le film *Les Valseuses,* joue le rôle d'une femme qui sort de prison et qui raconte en effet qu'elle n'y avait plus ses règles. Comme si, à un temps cadencé, se substituait un temps linéaire, celui des années à passer en prison, chaque jour semblable au précédent et au suivant. On dit aussi que des femmes travaillant ensemble, dans les ateliers par exemple, finissent par avoir leurs règles en même temps. On le raconte, on le dit, rumeurs de femmes, et qu'importe après tout si l'histoire n'est pas prouvée, elle est belle et poétique et permet aux femmes de s'approprier une lecture féminine du temps, mesure qui leur est propre et qu'elles considèrent comme celle de leur genre.

Plus intimement, les évolutions au cours du cycle créent elles aussi très fortement la conscience d'un temps non homogène. Les femmes savent la non-immuabilité des choses et au premier chef d'elles-mêmes. Peut-être faut-il retrouver là les commentaires du poète : « Souvent femme varie », ou du musicien : « *La donna e mobile*[1] »... Leurs seins grossissent, leur humeur s'altère, leur libido explose, leur envie de ranger les armoires devient irrésistible,

1. « La femme est changeante », *Rigoletto,* de Verdi.

ce n'est rien qu'un marquage d'une position dans un cycle. Au plus secret de leur être, des mouvements se créent qui font la vie différente. Pas besoin de calendrier, elles savent ou peuvent savoir. On comprend donc combien la perte de cette réalité quotidienne, rattachée à des mouvements planétaires amples, peut constituer pour certaines femmes, au moment de la ménopause, un égarement, une absence de repères. « Moi, j'adorais voir mon corps changer au cours des cycles, se souvient Noëlle. Je le trouvais intéressant, il n'était pas figé, il bougeait. Je m'aimais mince en début de cycle et je m'aimais gonflée, un peu comme si j'étais enceinte, en fin de cycle. J'aimais l'avènement des règles. Elles tombaient bien, elles tombaient mal, je les attendais avec inquiétude, je les attendais avec espoir, mais c'était comme un point final à une période et un point de départ pour la suivante. Il y avait un peu cette idée que rien n'était définitif, joué, figé. Nous étions trois filles à la maison, je me souviens encore de ma mère nous lançant régulièrement cette apostrophe : “Oh, celle-ci est impossible aujourd'hui, normal, elle va avoir ses règles.” Ce n'était pas une condamnation éternelle, juste le constat d'une humeur changeante. Je me souviens combien alors je me sentais vivante. » La fin des règles marque ainsi la fin de cette intimité particulière avec le corps et de cette écoute intéressée. Elle marque l'entrée dans un temps indifférencié. Pour gênants qu'ils étaient, ces troubles étaient imputables à un état de fécondité triomphante. Rien à voir avec les bouffées de chaleur et les humeurs moroses provoquées cette fois par une fécondité défaillante.

Rythme, rituel, repère, structure..., toujours est-il que, sans règles, sans sang, la femme va devoir se tricoter une nouvelle relation au temps et à la vie.

Je saigne, donc je suis

Elles eurent beau pester et râler durant le temps de leur folle jeunesse contre ces foutues règles, voilà que certaines femmes en viennent à les regretter. C'est ce que ressent à sa manière Amalia, mère de deux grands enfants et grand-mère de deux petits-enfants. Coquette, pomponnée, apprêtée, soucieuse de se plaire et de plaire aux autres, elle vous fait ses confidences dans son salon devant une tasse de thé. De ces femmes qui sont comme on dit « l'âme d'un foyer », qui savent créer un univers enveloppant, maternant. « Sans règles, je ne me sentais plus une femme. Pourquoi ? parce que je me disais sans doute que si je devais avoir une relation sexuelle avec un homme – du pur fantasme, parce que je n'ai aucune envie de tromper mon mari – je serais incapable de lui donner un enfant ! Pour moi c'est tout net, une femme qui ne peut plus faire un enfant à un homme n'est plus une femme. C'était comme une guillotine. Alors, j'avais besoin d'avoir mes règles pour m'affirmer et me sentir jeune, pour faire comme si je pouvais encore avoir des enfants, même si je savais que je ne pouvais plus. C'est pourquoi j'ai absolument voulu continuer à avoir mes règles avec mon traitement hormonal. Je m'offre une illusion de jeunesse et de féminité. En tout cas, si un jour je devais rencontrer un homme, jamais je ne lui dirais que je suis ménopausée ! Maintenant, depuis que j'ai à nouveau mes règles, je me sens comme avant, même mieux qu'avant. Avant d'avoir eu mon traitement hormonal, j'étais dépressive, sujette aux bouffées de chaleur, pas bien dans ma peau. C'était il y a un an, maintenant tout va bien. C'est dans ma tête. Mais, pour moi, tant qu'une femme saigne, c'est une femme. »

Voilà bien le miracle du progrès hormonal dont les baby-boomeuses sont les bénéficiaires : les cinquantenaires ménopausées de l'an 2000 peuvent à loisir continuer à saigner aussi longtemps qu'il leur plaira. Le salut par le sang, le salut par l'illusion de jeunesse que ce saignement leur confère : « Je saigne, donc je suis », alors, monsieur le gynéco, encore un peu de sang s'il vous plaît. Le gynéco s'exécute. Voilà qui différencie la génération des nouvelles cinquantenaires de celle de leurs mères : les mères n'avaient pas la possibilité de choisir une ménopause à la carte présentée par un gynécologue-serveur. Aujourd'hui, les filles ont ce choix[1]. Parmi celles qui souhaitent continuer « artificiellement » à saigner, il y a bien sûr cette catégorie de femmes qui veulent entretenir l'illusion du « encore possible » ou qui, plutôt, ne se sentent pas encore

1. Trente pour cent des femmes ménopausées en France suivent un traitement hormonal de substitution. C'est le pourcentage le plus important au monde.

prêtes à faire le deuil de leur jeunesse. Il y a une autre catégorie de femmes, de loin la plus importante, qui tient à conserver à tout prix cette dynamique du rythme que représente le cycle. Mais il y a aussi le désir d'adoucir un peu ce passage d'un état à l'autre... La philosophe Noëlle Châtelet raconte que, lorsque son médecin lui a posé la question de conserver ou non ses règles, elle lui a répondu qu'elle souhaitait « voir ce sang continuer de couler » justement pour permettre cette transition en douceur, sans brutalité.

Ce qui disparaît aussi avec les règles, c'est cette connivence intraféminine avec « celles qui saignent encore », symbole ô combien féminin de la périodicité à la fois si intime et si partagée. La femme de 50 ans quitte une sorte de continent féminin, celui des menstrues, des grossesses, des IVG, de la pilule, de tout cet arsenal qui faisait d'elle une femme en « état de marche ». Elle quitte ce féminin intime que les slogans publicitaires pour les « protections périodiques » proclament à coups de formules, prônant que « l'on peut être femme ces jours-là aussi » et que « votre secret sera ignoré de tous et même de vous-même » ! Elle quitte un univers de femme qui était marqué par ces fameux cycles et la complicité intraféminine et intragénérationnelle qu'ils impliquaient : « Dis, tu n'aurais pas un Tampax, je ne les attendais pas de sitôt ? » Difficile de remplacer la formule par : « Dis donc, tu n'aurais pas un œstrogène, j'ai oublié les miens ! » Alors que les règles créaient un lien avec les femmes, une ouverture avec l'ensemble du corps féminin, voilà que la ménopause crée une rupture. La protection contre le sang était une affaire à la fois intime et collective, on pouvait emprunter un Tampax régulier au lieu de son habituel Obé Super sans risquer de menacer l'équilibre de notre flux sanguin. La protection contre le vieillissement est une affaire autrement individuelle. Presque une affaire médicale. À chacune son traitement hormonal de substitution, à chacune son dosage d'œstrogènes et de progestérone. En parler, oui... et encore ! Se l'échanger, non. Solitude de la cinquantenaire devant la ménopause.

Mais à la puissance et à la force du symbole qu'expriment toutes ces femmes attachées au mouvement du cycle et du sang, il y a celles qui préfèrent opposer le principe de réalité. Éliane, par exemple : « Ridicule, cette affaire de saignements artificiels. C'est dur de vieillir ? D'accord. Mais à quoi bon se donner l'illusion qu'on a encore ses règles comme avant ? » « Ainsi, ajoute-t-elle, tout saignement qui serait artificiellement entretenu par un traitement hormonal deviendrait pour moi du grand cirque. Franchement, à quoi bon s'enquiquiner inutilement la vie alors qu'on sait que ça ne correspond plus à rien ? Je préfère la lucidité. Pour moi, continuer à avoir mes règles artificiellement reviendrait à une forme de déni de mon âge, c'est tout à fait contraire à ma philosophie de la vie. Quand mon gynéco m'a demandé en établissant mon ordonnance hormonale si je voulais continuer à avoir mes règles, j'ai hurlé de rire. Je lui ai répondu : "Non, mais vous n'y pensez pas, bon débarras au contraire" ! »

Alors, les Tampax au rancart ? Katia, qui n'avait pas de fille en rayon pour lui transmettre son stock de protections, a fait un autodafé de tous ses Tampax. Florence, quant à elle, en a fait un petit tas pour ses filles. Et, maintenant, quand elle ouvre le tiroir, elle regarde tous ces vestiges « avec un air amusé » en se disant : « Chouette, c'est du passé. »

La fin de la maternité

Mais plus de sang, plus d'ovules : plus de promesse d'enfant. À telle enseigne que certaines femmes parlent d'assèchement de leur « être femme ». Un peu comme si leur sexe était devenu sec. « Il ne tombera plus rien de mon ventre. Plus de règles, plus de pertes, plus d'enfants. Ma féminité ne dégouline plus. Je suis un ventre sec. » Sécheresse symbolique, qui rend impossible désormais toute chance de nidification, de vie nouvelle, de promesse d'avenir. Un deuil à faire du « jamais plus » : jamais plus d'enfant dans mon ventre, jamais plus d'enfant d'un homme, jamais plus d'accouchement. Qu'on ne s'y trompe pas, c'est souvent moins l'arrêt des règles en tant que tel qui préoccupe les femmes, que sa signification symbolique en termes de fécondité et de jeunesse. Comment se sentir femme encore quand, jusque-là, son existence s'était articulée autour de la liberté – exercée ou pas – de faire des enfants ?

Plus de bébés tout neufs

Dans une interview à *Paris-Match*[1], Laure Adler, presque 50 ans, directrice de France-Culture, faisait cette confidence : « J'arrive à un âge où je vis un bouleversement. Je vais avoir 50 ans dans trois mois, je ne serai plus jamais mère, alors que c'est le socle de ma vie. »

Regret du temps où tout était possible, jusqu'au jour où elles eurent affaire à plus fort qu'elles : la nature. Au slogan qui berça leur jeunesse : « Un enfant si je veux, quand je veux », se substitue alors : « Un enfant, plus jamais ! »

Qu'elle ait ou non utilisé ses capacités reproductrices, la femme ménopausée se sent comme licenciée de l'univers procréatif. Évidemment, ce qu'il est advenu de ses capacités à donner la vie, la liberté avec laquelle elle a pu peser en toute maîtrise sur sa fécondité, ne seront pas sans influence sur l'acceptation du deuil de la maternité et sur le degré, comme disent les psys, de son « effondrement narcissique ». « À quoi suis-je bonne encore si je ne peux plus faire d'enfant ? *A fortiori* si je n'en ai jamais fait ? » Est-ce son corps qui le lui a refusé, est-ce un homme, est-ce l'absence d'homme ? C'est sa liberté de faire, d'agir, de se construire en tant

1. 23 décembre 1999.

que mère qui est ici violemment questionnée. Mais ce sont aussi toutes les contingences rencontrées sur le chemin de sa vie, qui, à l'heure des bilans, sont inévitablement explorées. Il est évident qu'à ce mi-parcours en âge qui correspond à la fin de la fonction ovarienne, la femme ménopausée vivra différemment ce moment clé suivant qu'elle aura ou non ce sentiment de plénitude d'une maternité accomplie. Pour celles qui ont fait l'expérience unique de la maternité, c'est plus l'idée de ne plus pouvoir concevoir d'enfants nouveaux qu'il faut accepter, que le fait même de ne plus en avoir. Quelques femmes ont dit regretter de n'avoir plus le temps de pouvoir mettre en route le petit dernier, quand il s'agissait du même père. D'autres ont dit regretter de ne plus pouvoir faire un enfant avec le nouvel homme qu'elles aimaient mais trop tardivement rencontré. L'évidence est parfois si difficile à accepter que certaines femmes, à l'approche de la cinquantaine, se croient enceintes. Dernier sursaut avant l'arrêt définitif. « Il est fréquent en effet, aux alentours de la cinquantaine, d'assister à des échecs de contraception, avoue Michèle Lachowsky, gynécologue et psychosomaticienne, les femmes veulent se prouver qu'elles peuvent encore faire des enfants. Ou bien alors certaines femmes ménopausées se croient carrément enceintes. »

Malédiction d'être chassée de la communauté des femmes en âge de procréer, malédiction de ne plus être féconde ? L'imagerie négative associée à la perte de la fonction de reproduction a la vie dure, la symbolique religieuse n'y est pas pour rien. « La ménopause serait le moment de la vie d'une femme où l'on pourrait se permettre de la flanquer à la poubelle comme un Kleenex usagé, puisqu'elle est soi-disant moins désirable et désormais stérile, écrit le docteur David Elia[1]. Voilà ce qui fait réellement souffrir les femmes de 50 ans : cette marginalisation sournoise dans des placards réservés aux objets inutiles que personne – veut-on vous faire croire – ne viendra jamais récupérer. Depuis des millénaires, nos sociétés patriarcales et misogynes portent une certaine considération aux femmes pour leur immense contribution à la perpétuation de l'espèce et pour le plaisir qu'elles donnent aux hommes. Les amantes et les mères sont préservées, mais ensuite tout se gâte. »

Une douloureuse résignation

On imagine alors l'ampleur du deuil qu'une femme doit effectuer lorsque l'âge vient mettre un terme définitif à des désirs de maternité non réalisés. « L'effondrement narcissique » de la ménopause, dont parle la psychanalyste Madeleine Gueydan[2] (la première à avoir réfléchi sur « les transformations psychiques » de l'entrée en ménopause), sera d'autant plus important que la femme n'aura pas d'enfant miroir pour se re-narcissiser, ne verra pas dans ses enfants son œuvre accomplie.

1. *Le Bonheur à cinquante ans*, Robert Laffont, 1997.
2. *Femmes en ménopause*, Eres, 1991.

À l'homme, l'âge ne retire rien. À la femme, il retire le champ de la fécondité. Le deuil à faire est sans commune mesure avec ce qu'il représente d'acceptation, de résignation douloureuse pour celles qui n'ont pas eu d'enfants et qui en voulaient. Il leur faut en effet accepter l'idée qu'elles ne connaîtront jamais cette expérience de la maternité. Les baby-boomeuses auront eu beau faire voler en éclats cette notion héritée du modèle maternel selon lequel hors de la maternité point de salut, il n'en reste pas moins que cette image leur revient de plein fouet quand l'horloge biologique leur signifie qu'il est désormais trop tard. Certaines cinquantenaires, tellement tétanisées par le modèle maternel, ont attendu pour s'engager dans une vie amoureuse et ont mis du temps avant de faire des enfants. Parfois trop longtemps. Marie vit désormais avec ses regrets de n'avoir pas eu cet enfant qu'elle voulait. Journaliste de talent qui s'est surinvestie dans la couverture des événements qui font l'histoire du monde, elle n'a eu de cesse de reculer l'âge d'une possible maternité. « Je ne pensais qu'à mon boulot, je me disais qu'il serait toujours temps, je partais sur tous les fronts, j'étais toujours à droite, à gauche, j'attendais l'homme idéal, le moment idéal. Mais le temps a passé et quand je me suis réveillée, j'avais 47 ans, il était trop tard, j'étais déjà en préménopause et je n'avais toujours pas trouvé l'homme idéal. » Douloureuse négociation avec la réalité : il s'agit de mettre une croix sur une expérience qu'elles ne vivront jamais. Alors, elles se font une raison, non sans difficultés. Micheline avoue qu'elle a déprimé : « Dès que je voyais une femme enceinte ou avec un enfant à ses côtés, je ressentais comme un coup de poignard au cœur et je détournais mon regard. Mon médecin m'a prescrit un antidépresseur pour m'aider à passer ce moment difficile et puis je me suis blindée, je me suis faite à l'idée. Bien obligée d'accepter. Voilà, maintenant, c'est comme ça, c'est moi et personne d'autre qui me suis fait cette vie-là, j'en assume le cours, je vivrai sans enfant, je me dis qu'on peut vivre sans enfant. Sinon, quoi, mourir ? » À 53 ans, Martine, très jolie femme brune et sexy, qui vit seule dans son appartement des bords de Seine, en région parisienne, et qui collectionne les amants, se retrouve aujourd'hui sans mari ni enfant : « Je me dis que je suis passée à côté de quelque chose. Ça fait mal, mais je me suis fait une raison. Je suis devenue une tata gâteau. Je m'occupe de mes nièces et neveux, je les adore, ils me le rendent bien, je compense. »

Le spectre de la vieille fille...

Le deuil sera d'autant plus difficile à faire qu'il s'accomplira dans la solitude et se nourrira de cette solitude : « Quand je vois ma vie, sans enfant, sans homme auprès de moi, il me vient à l'esprit l'image de la vieille fille », dit Roselyne, qui vient tout juste de fêter ses 50 ans et qui pourtant n'est rien de ce qu'elle décrit. Pourquoi pas d'enfant, pourquoi pas d'hommes ? C'est là une autre histoire, une longue histoire et ce n'est pas notre propos. Mais il est vrai que, dans l'imagerie populaire, traîne comme une suspicion de féminité défaillante sur le fait, pour une femme, de n'avoir ni homme ni enfant, *a fortiori* lorsqu'elle est marquée du sceau de l'âge. Là encore, les femmes payent cher le fait de n'avoir pas suivi le destin biologique que dame Nature leur avait tracé. Simone de Beauvoir a fort bien stigmatisé le traitement dont sont victimes les femmes qui ne sont pas dans la norme : « La malédiction est dans leur chair même (...) détournée de sa destination, elle devient un objet baroque et qui inquiète. » Force est de constater que les choses n'ont pas fondamentalement bougé depuis 1949, année où fut écrit *Le Deuxième Sexe.* Si les femmes ont pu acquérir la liberté d'échapper à leur destin biologique, les célibataires vieillissantes sans enfant, elles, le payent encore cher. Elles restent objet d'interrogation et de commisération. Qu'elle arrive à 50 ans avec ou sans enfant, avec ou sans homme, de toute façon, la femme au bord de la ménopause se sent seule. Il serait si bon de pouvoir se confier. De tout déballer. Troubles, règles, plus d'enfants, jamais d'enfants. Mais à qui ?

Le recours à la parole

Alors que le temps des règles et de la maternité élargit le cercle des confidences, la ménopause le réduit. Difficile de parler aux plus jeunes, voire à sa fille, sous peine de ne pas se faire comprendre et de forcer l'autre à des échanges intrusifs. Difficile d'en parler au mari, sous peine de ne pas se faire comprendre ou de passer pour une vieille. Le docteur David Elia raconte à ce propos une fort jolie anecdote[1] : alors qu'il anime à Monaco une soirée-débat avec le docteur Michèle Lachowsky sur le thème de la ménopause, dans une ambiance très conviviale, devant un parterre presque exclusivement féminin, un homme (le seul de l'assistance) vient vers lui à la fin de la conférence. Bouleversé, il lui dit ceci : « Je suis M. X, le directeur de l'hôtel, et j'ai été abasourdi par tout ce que vous avez, votre collègue et vous, raconté sur la ménopause... » Très ému, il continue : « Ma femme va bientôt avoir 50 ans, il est probable qu'elle est en train de vivre tout ce que vous avez dit, mais elle ne m'en a jamais soufflé mot. C'est dommage, parce que maintenant, je comprends mieux... tout s'éclaire... ce comportement si insolite... cette incompréhension qui, depuis quelque temps, pourrit notre vie. » S'il est difficile d'en parler au mari, il est encore plus difficile d'en parler à l'amant : quoi de plus désérotisant ? On ne dévoile pas ce moment de la vie d'une femme qui signe d'une certaine façon la fin du « mystère féminin ». Ne reste alors que le huis clos du cabinet médical, mais encore faut-il que le médecin sache entendre, voire susciter la plainte qui ne demande qu'à s'exprimer derrière l'énoncé des désagréments du « retour d'âge », comme disaient nos

1. *Le Bonheur à cinquante ans, op. cit.*

grand-mères. Les règles qui s'arrêtent, qui repartent, les bouffées de chaleur, les insomnies, les sautes d'humeur, les accès dépressifs. Et tout le reste, tout ce qui se passe dans la tête, dans le cœur, la peur, la panique devant cette perte insensée qui survient dans votre corps. Pas le temps, le médecin, pas formé et pas sensibilisé pour entendre cela. Écoutez plutôt cet extrait de dialogue entre une femme et son gynéco, rapporté par Marianne, ménopausée quasiment le jour de ses 50 ans et qui, deux mois plus tard, subit une hystérectomie :

Le gynéco – Je vous trouve un peu abattue depuis votre opération !

Marianne – Essayez de vous mettre à ma place. Se retrouver ménopausée et sans utérus, le jour de ses 50 ans, ce n'est pas rien !

Le gynéco – Me mettre à votre place ? Non, vous avez raison, je ne peux pas. Mais, pourtant, je vous rassure, tout va bien !

Commentaire de Marianne : « Tout va bien, tout va bien, tu parles ! Ce gynéco est peut-être un bon praticien mais il ne comprend pas ce que représente pour une femme le choc d'une telle opération. Il ignore ce côté irréversible du plus jamais, fini, terminé, qui touche vraiment au plus profond de ton identité de bonne femme. » « Ce n'est pas qu'on ne parle pas de la ménopause dans le cabinet du gynécologue, remarque Michèle Lachowsky, au contraire, on ne parle que de cela, le sujet est même arrivé sur la place publique, nous arrivons dans le siècle de la médicalisation de la femme et de sa ménopause, mais c'est d'autre chose aussi que les femmes ont besoin de parler. Elles ont besoin de parler d'elles durant leur consultation, or le médecin n'a ni le temps ni la formation pour les écouter. On sait pourtant bien qu'au-dessus de l'appareil génital, il y a un cœur et une tête ! » Le problème est d'autant plus sérieux que les gynécologues de ville sont menacés de disparition, leur formation de spécialiste devant être supprimée. Mais il existe aujourd'hui quelques gynécologues d'avant-garde, à la tête desquels il faut bien sûr citer le docteur David Elia, qui militent pour la création de centres de consultations spécialisées et la sensibilisation des gynécologues à l'écoute psychologique. La France peut d'ailleurs s'enorgueillir d'être le seul pays européen à avoir ouvert des centres de ménopause et de périménopause. Cet exercice d'une gynécologie plus globale est accompagné d'un travail de réflexion tout à fait novateur, réunissant médecins, gynécologues et psychanalystes, qui entendent mieux comprendre les aspects psychologiques de la ménopause. Ils revendiquent d'offrir une écoute plus attentive aux femmes qui viennent les consulter. « Ce courant démarre à peine », explique Marie-Christine Laznik, psychanalyste, qui fait le lien entre les deux approches de la problématique et qui a constitué le premier groupe à se réunir en France sur cette question, mais aussi dans le monde. « Il est le résultat d'un séminaire de quatre ans qui n'a pas encore d'équivalent dans un autre pays », explique-t-elle.

Seule alternative à une oreille médicale, la sacro-sainte complicité avec les copines du même âge, complicité « psycho-hormonale » avec celles qui sont en train de basculer. Ah, si les copines n'existaient pas !

À 30, 40 ans, elles se réunissaient pour lutter contre la solitude de la vie. À 50 ans, elles se réunissent pour lutter contre la solitude de l'âge. Et parfois aussi contre les deux. Les copines deviennent le rempart contre cet état difficile qu'elles partagent. Communauté réduite aux cinquantenaires : « On en parle entre nous, on fait des dîners de cinquantenaires, on se marre, on énumère les déboires physiques de chacune d'entre nous, on se sent bien comme dans un huis clos de la cinquantaine, ce sont des moments délicieux traversés par d'énormes éclats de rire. Mais n'empêche qu'on rit jaune ! » disent-elles en chœur.

Plus de regard, plus de femme

Négocier, compenser, faire le deuil... on le remarque, l'entrée dans cette foutue tranche d'âge de la cinquantaine ne se déroule que sous le signe de la perte. Comme le dit la psychanalyste Madeleine Gueydan : « Ce qui a été n'est plus, il n'y a de sens que la perte, inutile de chercher du sens dans cette perte, car c'est une perte insensée. » Au vrai sens du terme.

Féminin, féminité

La disparition de la fécondité s'accompagne d'un autre deuil, qui les résume tous, qui atteint la femme au plus profond d'elle-même, celui de son identité féminine. Elle oblige à penser cette féminité de l'après-coup et à se poser la question : « Qu'est-ce qu'être une femme ? » La féminité de la femme partirait-elle avec ses règles et sa jeunesse ? C'est bien là toute la problématique de l'identité féminine au moment de la ménopause. Qui met en jeu tant de paramètres tels que désir et pouvoir de séduction mais surtout qui pose la question du partenaire, c'est-à-dire de la rencontre avec cet autre, seul capable de révéler le féminin de la femme, l'homme. Pour Florence Montreynaud, auteure du *XXe siècle des femmes*[1], il n'y a aucun doute : « La féminité ne se réduit pas à nos ovaires que je sache, s'exclame-t-elle. On est femme pas parce qu'on a ses règles tous les mois et qu'on peut faire des enfants, on est femme dans le regard de l'homme, on est femme dans le désir, et les règles ne changent rien à l'affaire. » Certes. C'est bel et bien dans la rencontre avec l'homme que se révèle le féminin de la femme. « Le féminin de la femme, c'est-à-dire son intérieur, ce qui va subir la pénétration, ce qui va devoir accepter la soumission érotique », comme l'explique la psychanalyste Jacque-

1. *Op. cit.*

line Schaeffer[1]. Féminin à distinguer de la féminité, « ce mode d'être de la femme ». « Si, pour ce qui concerne le développement du moi et la construction de sa personnalité, ce n'est pas l'homme qui fait la femme, en revanche, pour ce qui concerne sa sexualité, c'est l'homme qui fait la femme », explique Jacqueline Schaeffer. « La femme est dépendante sexuellement de l'homme, il faut le reconnaître et l'accepter. C'est cette soumission à l'objet sexuel que j'appelle le masochisme érotique féminin. Et le paradoxe est que tout ce qui est insupportable sur le plan social et économique entre les sexes est ce qui contribue à la jouissance sexuelle, poursuit la psychanalyste. À savoir l'effraction, l'abus de pouvoir, la perte du contrôle, l'effacement des limites, la possession, la soumission, bref, la défaite. Ce masochisme féminin qui n'est pas un appel au sadisme et à l'humiliation, dans une relation sadomasochiste, est une capacité d'ouverture et d'abandon. Il dit : "Fais de moi ce que tu veux" ! Mais cette soumission qu'elle accepte, son moi n'aime pas ça. Son sexe exige d'être vaincu alors que son moi hait la défaite. Son sexe dit : "Ouvre-moi" tandis que son moi dit : "Tu ne m'arracheras rien." C'est bien ce féminin révélé par ce sentiment de perte sous le sexe de l'homme qu'exprime Francesca, l'héroïne du roman et du film *Sur la route de Madison.* C'est au moment où elle prononce : "Oh Robert, Robert, je suis en train

1. Directrice adjointe des débats de psychanalyse dans la *Revue française de psychanalyse.*

de me perdre", qu'elle estime redevenir elle-même. » Comme l'explique le sociologue François de Singly[1] : « Le regard de Robert la fait chavirer et la découverte de leur propre corps produit un des paradoxes de l'amour. » C'est bien l'homme qui fait l'être sexuel de la femme. Ce qu'explique aussi Christine, 54 ans, PDG d'une agence de pub : « Moi, je ne me sens vraiment femme que lorsque je suis habitée par le désir, de ce désir qui te transperce jusqu'au plus profond de toi, te fait avoir des spasmes préorgasmiques et te donne une irrésistible envie de faire l'amour avec l'homme qui provoque ce désir, dans un abandon total. Se sentir femme, c'est essentiellement physique, c'est ressentir ma différence corporelle tout en rondeurs et en creux. Rondeurs à caresser, creux à pénétrer. Se sentir femme, c'est être habitée par le désir de se faire pénétrer, c'est un statut qui n'est jamais définitif. On n'est pas femme seule sur une île déserte, on est femme face à un homme, voilà. » Le problème est que cette dialectique du manque et du comblement ne fait que se radicaliser au moment de la cinquantaine, là où se creuse le fossé entre les hommes et les femmes, là où se raréfie le désir des hommes pour leurs congénères, là où s'accroît l'exigence des femmes à l'égard de la qualité des partenaires. Encore faut-il trouver amant à sa mesure. « Oui, dit Christine, un homme qui te rende belle parce qu'il te désire et que tu le désires. »

Voilà bien où le bât blesse. Pour être intemporel,

1. *Le Soi, le Couple et la Famille,* Nathan.

ce féminin devrait pouvoir résister à l'usure des ans : or, comment se sentir habitée par le désir de séduire quand le sentiment que l'on a de pouvoir encore séduire se met à son tour à défaillir ? Quand l'image que renvoie le miroir vous fait douter de vous ? L'image qu'on a de soi en tant que séductrice, elle aussi, est soluble dans l'âge. Elles le disent, le répètent, le clament haut et fort : « Pour séduire, il faut se sentir séduisante, il faut des hommes pour susciter en nous le désir... Or force est de constater que c'est de moins en moins le cas. » Elles disent avec leurs mots ce que les psychanalystes disent avec les leurs, à savoir que « pour être désirante, la femme a besoin d'être désirée. Le désir de la femme est dépendant du désir de l'homme, explique Jacqueline Schaeffer. Alors que l'homme, lui, peut désirer sans être désiré ». Le problème, c'est que les hommes, disent-elles dans leur grande majorité, ne les désirent plus. Pour preuve, « ils ne nous regardent plus » ! Et qu'elles aient un homme ou non à la maison ne change rien à l'affaire. C'est du champ des possibles qu'elles parlent, de ce champ qui se ferme au fur et à mesure que la promesse d'une rencontre se raréfie. Un état que décrit fort bien Erica Jong dans *La Peur de l'âge*[1] : « Jamais plus, me disais-je, je n'entrerais dans une pièce où m'attendrait un homme divin qui changerait ma vie. Je me rappelais les folles aventures déclenchées par la rencon-

1. Le Livre de poche, 1996.

tre de deux regards et une montée d'adrénaline, entraînant d'inévitables bouleversements... »

À la recherche du regard perdu

Samedi d'automne dans un appartement cossu du VIe arrondissement de Paris. Il y a là une douzaine de cinquantenaires, juges, profs, infirmières, psychanalystes, médecins. Ce qu'a fait de mieux, sur le plan social, la mouvance libératrice des années 1970. Des femmes de tête, des intellectuelles, pionnières de l'autonomie extrême, toutes munies d'enfants mais, pour la plupart, démunies d'hommes, les ayant perdus ou jetés au gré des déceptions et des avatars de la vie. Bref, des *superwomen* qui se reconnaîtraient peut-être sous les traits peu amènes de ces cinquantenaires décrites sous la plume d'Alix Girod de l'Ain, la plus « tendance » des journalistes trentenaires d'*Elle* : « Il y a dix ans, les *executive women* étaient sûres que leur salut viendrait d'une vie professionnelle où elles se montreraient les égales des hommes. Elles ne laissaient pas de place au doute et beaucoup d'entre elles ont aujourd'hui l'impression d'avoir donné le meilleur d'elles-mêmes à la table en Formica d'une salle de réunion ! » Elles sont donc là en ce bel après-midi d'automne pour s'échanger des vêtements, dans une sorte de grand troc amical. Mais, en fait, derrière le vêtement, rodent les désillusions de l'âge et l'amère solitude, qui s'égrènent entre un pull et un tailleur de l'été dernier dans un grand raout gynécéen. On essaye un chemiser, on se lamente de la mauvaise qualité du tissu. Pas du tissu du chemisier, bien sûr, mais de celui du ventre ! On essaie un maillot de bain, on se lamente de la mauvaise qualité de l'élasticité. Pas de l'élasticité du maillot de bain, bien sûr, mais de celle de la peau. Et de montrer, de palper, de s'esclaffer. Bref, c'est à mourir de rire, parce que mieux vaut en rire. C'est alors que Chantal sort du panier un pull en soie brillante, au décolleté profond. Cri du cœur de l'assemblée des femmes : « Non, mais tu rigoles, tu ne vas quand même pas mettre ça, et pour qui, d'abord ? » Chantal, prof d'économie de son état, s'affale sur le canapé : « Vous avez raison, les filles. Pour qui, pour quoi je porterais ça ? » Françoise attaque : « Parce que les mecs, hein, moi, je ne sais pas où vous les trouvez, mais moi je n'en trouve pas. » Catherine, une des rares rescapées de l'aventure du mariage, surenchérit : « Dites franchement, ils vous regardent encore les mecs, parce que moi, bof ! Mon mari, il m'a tellement vue qu'il ne me voit plus, quant aux autres bonshommes, c'est comme si je n'existais pas, à croire que je suis devenue transparente. » Transparente, le mot est lâché, qui revient sans cesse, comme un leitmotiv. Toutes les femmes que nous avons rencontrées au cours de notre enquête ont eu les mêmes mots pour dire et décrire cet état de non-regard. « Nous sommes devenues transparentes aux yeux des hommes. On voit bien qu'ils ne nous voient plus. »

Que voulez-vous, on ne perd pas comme ça d'un seul coup, et sous prétexte de retraite ovarienne, cette sacro-sainte habitude de mesurer chaque jour son degré de séduction dans le regard de l'homme croisé dans la rue, dans les transports, dans les couloirs ! Et puis il faut bien dire que les femmes ont tellement été conditionnées à vivre sous ce regard, à s'aimer à travers la vision que les hommes leur renvoyaient d'elles-mêmes ! Eh bien, force est de constater qu'à partir de 50 ans, les regards passent, se suivent et se ressemblent : ils glissent. Le pire, quand vous avez une fille, jeune fille en fleur, belle comme le jour, fraîche comme une petite pomme, qui déambule à vos côtés. Vous les voyez, les regards, rien pour vous, tout pour elle, et bien sûr vous vous en réjouissez. Parce que, bien sûr, ça vous remplit de bonheur d'avoir fait une si jolie fille, sauf que, pour vous, fini les hommes, même cinquantenaires. C'est alors que vous montez d'une dizaine, voire même d'une vingtaine. Non, vous n'allez quand même pas vous mettre à scruter les octogénaires, mais ma foi, on ne sait jamais, il y en a de fort beaux et vaillants à tempes blanches ! Allons, soyons sérieuses. Il n'empêche qu'il faut s'habituer à affronter le rien.

Le nouvel « être et néant »

Orly, 8 heures du matin. Salle d'embarquement pour Toulouse. Michèle, 52 ans, qui part rejoindre son ingénieur de mari en poste dans la capitale de l'aéronautique, est quasiment la seule femme à embarquer. Une foule de quadras-quinquas, complet-cravate, attaché-case et portables. Elle n'a que l'embarras du choix pour jouer au jeu du non-regard. Assise, dans son petit tailleur de femme bien installée dans la vie – celle que lui a faite son mari car elle préfère les activités bénévoles aux activités salariées –, elle scrute, elle cherche. Et alors ? et alors rien. N'auraient-ils pas la tête à ça, nos cadres d'hommes, tout affairés qu'ils sont à préparer leurs rendez-vous de la journée ? Allons donc. Qu'un petit cul frétille à l'horizon et vous verrez s'ils ne lèvent pas le nez de leurs dossiers. Michèle persiste donc dans sa description de ce qui pourrait être le nouvel « être et néant » des femmes de 50 ans à travers ce jeu cruel du non-regard : « Je sollicite les regards des hommes. Tous les regards, de tous les hommes. Pas de discrimination. Comme je n'ai rien à en faire, qu'il n'y a aucun jeu – enfin, c'est ce que je veux bien penser –, sinon celui de vérifier que j'ai bel et bien dépassé la limite d'âge, je scrute les visages, je plonge mes yeux dans les leurs. Et alors ? alors rien, un regard et passe... le regard glisse, flotte. Il s'arrête et c'est comme si, jaugeant la marchandise en un quart de seconde, le regard mâle se disait : “Circulons y’a rien à voir.” Comme si je n’existais pas. Voilà. Il faut s’y faire, c’est tout. » Il n’y a pas qu’en France que les cinquantenaires se sentent ainsi atteintes de transparence : « Quand je marche dans la rue, oui, les hommes me regardent, raconte Erneste, Allemande, prof de danse au corps gracile, mais ne vous réjouissez pas trop vite, ajoute-t-elle en riant, ils tournent immédiatement la tête. Ce que j’interprète de la manière suivante : “Elle est intéressante, mais elle est vieille.” » Ce n’est pas rien que de s’assener de telles vérités ! Se référant à son expérience clinique[1], la psychanalyste Martine Lerude cite le cas de certaines de ses patientes qui s’écroulent en prenant conscience « de la perte des regards anonymes de la rue. “J’ai perdu ma beauté, dit l’une d’entre elles, je ne savais pas que j’étais belle mais je le sais maintenant... c’était mon passeport, ma carte de visite, je ne l’ai plus et je ne suis plus rien.” Pourtant, commente la psychanalyste, elle n’a perdu ni l’amour, ni le désir de son mari, ni les hommages de son entourage, mais seulement les regards anonymes qui garantissaient son image sans qu’elle le sache vraiment, sans qu’elle en ait jamais tiré d’avantages. » Être dans la norme ou ne pas y être : trop vieille, ou trop grosse... Il n’y a pas que les femmes mûres pour connaître cette sanction du regard masculin anonyme : les jeunes femmes aussi s’y mesurent. C’est ainsi qu’une jeune femme d’une trentaine d’années, pas une vraie beauté mais

1. « Belle ou pas belle, une question analytique », in *Le Bulletin freudien*, n° 31, mai 1998.

pleine de charme, raconta lors d'une séance de groupe d'amincissement : « Je n'ai pas besoin de me peser pour savoir si je suis grosse ou pas (et chacune de penser qu'elle le sait par la jupe ou le pantalon qui ne ferment plus), moi je le sais par les regards des hommes dans la rue. Quand je suis normale, c'est-à-dire mince, les hommes me voient et me regardent. Quand je suis grosse, le regard me touche, descend sur mon corps et disparaît instantanément. Juste un effleurement du visage, et après, l'évaluation . C'est comme si je les entendais dire : Boudin ! »

Le renoncement

Plus de regards d'hommes, plus de frémissements, plus de désir, plus de jeu amoureux ? Ce temps de la séduction que les psychanalystes définissent comme le « jeu du voile » – le fait que les femmes se prêtent au jeu de la mascarade nécessaire au désir de l'homme, le fait qu'elles acceptent d'être l'Objet, cause du désir –, ce temps-là serait-il à jamais révolu ? Faute de support mâle pour engager le jeu, avec qui jouer ? Il est bien rare que le désir naisse de rien, à moins de vouloir se faire mal. Annette en sait quelque chose. Mariée, deux enfants, chargée de communication dans une grande entreprise, elle a reçu une douche bien froide de la part d'un petit « freluquet », comme elle dit maintenant : « J'avais comme stagiaire au bureau un petit jeune que je trouvais très séduisant, il avait 27 ans, c'est vrai que j'aurais pu être sa mère. Je n'avais absolument pas envie que quelque chose se passe entre nous, enfin, c'est ce que je me disais, disons que je fantasmais sûrement ! Un jour, il me téléphone et il me dit : "Alors ça va, maman ?" Ça a été le choc ! la douche froide et même l'humiliation. Je me suis dit : Zut, alors c'est bien ça. Il me met dans la génération de sa mère, pour lui je ne suis qu'une vieille décatie..." Allez vous sentir désirable et désirante, après ça ! » Alors, les femmes le constatent : plus question de ce désir brutal, qui naissait jadis au hasard d'un regard soutenu, transperçant, venant d'une pupille mâle, qu'elles étaient capables de susciter et qui les clouait au sol aussi sec ! Même avec un mari aimant, qui au fil de l'usure des années les regarde sans les voir, la force du désir finit par s'étioler. Alors, forcément, il y a du renoncement dans l'air. Mais quels facteurs faut-il vraiment incriminer dans ce renoncement ? La perte du désir, la perte de l'envie de séduire, l'image défaillante que les femmes ont d'elles-mêmes ? Allez savoir !

Une image défaillante de soi

« Certaines femmes se plaignent que, passé la cinquantaine, elles deviennent invisibles, reconnaît la comédienne américaine Susan Sarandon, dans une interview accordée à *Elle.* Si vous vous sentez invisible, vous le devenez ! » Les facteurs physiologiques, psychologiques et culturels agissent dans une telle interactivité qu'il est bien difficile de les séparer les uns des autres. « Le problème à la cinquantaine, c'est précisément que les femmes ne se sentent plus assez de charme pour susciter le désir de l'homme, explique Jacqueline Schaeffer. Certaines préfèrent ne pas prendre le risque d'aller voir si elles sont encore désirables et renoncent. Elles préfèrent dire : “Ce n'est plus mon affaire” plutôt que de prendre le risque d'échouer. » À 53 ans, Marie-France est encore une femme magnifique, sexy, aux seins siliconés. Après une carrière professionnelle et sociale éblouissante qui la fit appartenir à la jet set, elle se retrouve aujourd'hui sans mari, sans enfants, sans travail, quasiment sans ressources – les dettes ont été frivolement accumulées – et dans l'impossibilité de retrouver un emploi à sa mesure. Seule reste de sa splendeur passée cette arrogance qu'elle a encore dans la manière de porter son corps et sa tête. Mais à l'entendre, c'est un regard désormais désabusé qu'elle jette sur les hommes. « Pour moi, les hommes sont devenus une sorte d'abstraction. Je les regarde encore mais je n'ai plus conscience que je peux les séduire. Avant, quand j'en avais un devant moi, j'adorais plaire, je mettais la batterie de séduction en route : les yeux, les seins, les jambes, les mains. Maintenant, je reste neutre. J'ai l'impression de ne plus avoir un poil de libido. Je ne frétille plus devant eux, alors je ne vois pas pourquoi ils frétilleraient devant moi. »

Même sensation de renoncement pour Édith, 51 ans, avocate : « Les 50 ans, c'est le renoncement sur le terrain de la séduction. Je sais que toute intelligente et brillante que je suis, je ne ferais pas le poids à côté d'une petite de 30 ans. Alors, j'ai baissé les bras, je n'ai plus aucun espoir de séduction et, pire, je n'y pense même plus. Je me dis que ça ne vaut même pas le coup de faire des efforts. Je continue à bien m'habiller, bien sûr, à me maquiller, mais si je le fais, c'est uniquement pour des raisons professionnelles et pour moi. Si je sors bien coiffée de chez le coiffeur, je me dis : "Tiens, je suis bien coiffée", mais en aucun cas je ne pense que ça peut être un atout dans une stratégie de séduction. À 42 ans, quand mon mari m'a quittée, je n'ai pas imaginé une seconde que j'allais rester seule. J'avais la certitude de pouvoir plaire encore et de susciter le désir, d'ailleurs, deux ans plus tard, je rencontrai quelqu'un. Maintenant que je suis à nouveau seule – c'est moi qui l'ai plaqué –, je n'envisage plus la possibilité de retrouver quelqu'un, je ne sais d'ailleurs même pas si j'en ai envie. » Défense ? protection ? anticipation d'une possible humiliation ? Et c'est ainsi que certaines finissent par ne plus y croire. Christiane, qui fut une séductrice hors pair, avec des yeux à faire sauter les boutons de braguette, comme disent si élégamment les hommes, ne se reconnaît plus : « Dans la rue, maintenant, ce sont les hommes vieux qui me regardent. C'est dur ! Moi qui ai tellement vécu dans la séduction, je laisse tomber quand je suis devant des hommes de mon âge ou plus jeunes que moi. D'abord par orgueil, je me dis que c'est évident que je suis moins attirante et donc que ce serait présomptueux de ma part.

Alors j'érotise moins les rapports. C'est plus calme et j'en goûte les bénéfices secondaires avec mon mari qui se sent désormais moins menacé. »

À les entendre, on les croirait devenues femmes sans sexe. La cinquantaine les aurait-elle définitivement mises hors du circuit amoureux ou les plongerait-elle tout bonnement dans le gouffre de l'autodévalorisation ? Autrement dit, seraient-elles devenues effectivement transparentes comme elles le prétendent ? Ou auraient-elles plutôt décidé inconsciemment de ne plus être transperçantes-transportantes, de rendre les armes, de se vivre comme « défaillantes », honteuses de ne plus pouvoir remplir ce devoir de jeunesse-beauté qui, sur cette terre, est exigé de toute femme ? Certes, les regards se font plus rares, mais il est évident que les femmes se persuadent aussi qu'elles ne sont plus séduisantes. Elles pratiquent allègrement l'autodévalorisation. Se croyant vieilles et périmées sur le marché de la séduction, aidées en cela, il faut bien le reconnaître, par une société sans pitié, elles n'exaltent plus leur féminité. Car interrogez les hommes sur la séduction des femmes de 50 ans et vous verrez que leurs réponses ne sont pas si catégoriques que cela. Il se trouve même des jeunes gens pour épouser des femmes de vingt ans leurs aînées – surtout si elles sont actrices ou psychanalystes, des femmes « arrivées », dotées de pouvoir et de « brillance ». Mais ce n'est qu'un épiphénomène. Car, statistiquement, c'est plutôt dans le sens inverse que se font les rapprochements. Hommes vieillissants vers femmes jeunes. N'est-ce pas, messieurs de la cinquantaine ?

Et c'est ainsi que le renoncement peut conduire un jour au congédiement... Faute d'avoir eu à ses côtés un homme à égalité d'usure devant le temps, un homme à qui elle n'aurait pas eu honte de montrer les stigmates de l'âge, Noëlle, comédienne de 54 ans, trouvant son image désormais « défaillante », a congédié tous ses amants. Actrice connue mais tenant à garder l'anonymat, elle se confie dans l'intérieur ouaté de son appartement du centre de Paris, avec ses chats, ses photos, son piano, compagnons fidèles de sa vie. « J'ai pensé à ce moment-là que mon image n'était plus séduisante et j'ai donné congé à tous mes amants. J'ai cessé mon activité sexuelle parce que j'étais dans la peur de mon image. J'ai viré les hommes plus jeunes, je n'avais pas envie de mettre dans mon lit deux corps ayant vingt ans de différence. C'est pourquoi, à 52 ans, je n'ai plus revêtu mon costume de charme, je n'en ai plus usé. » C'était il y a deux ans... Aujourd'hui Noëlle n'a pas changé d'avis : « Je n'ai pas fait vœu de chasteté mais je ne provoque plus les regards. Je ne regarde même plus qui me regarde, il faut que je me trouve belle pour coucher avec un homme, alors j'ai mis ma dignité comme écran, je ne veux surtout pas être humiliée. Je suis une femme dont les sens se calment quand on ne les sollicite plus, je n'ai pas de besoin sexuel *ex nihilo.* J'attends qu'un homme vienne remettre le feu aux sens. Mais il faudrait qu'il soit comme moi, fragilisé par l'âge. »

L'effondrement narcissique

Que suis-je donc devenue, moi qui séduisais tant les hommes ? Qui suis-je ? Je ne suis plus ce que j'avais bâti, je m'effondre... La question cruciale est bien celle d'un « effondrement narcissique », comme l'écrit Madeleine Gueydan[1]. Comment se sentir femme encore dans ce tournant de la vie qui vous prive non seulement de la maternité mais de cet autre socle sur lequel s'était jusque-là appuyée la féminité : la rencontre possible avec un homme ? Comment se sentir toujours femme quand le miroir vous renvoie une image défaillante ? La ménopause, qui est le signe physiologique de cette crise sans précédent du milieu de la vie, permet de prendre conscience progressivement que ce qui a été n'est plus. Rappelons les mots de Madeleine Gueydan pour qualifier ce moment : « Il n'y a que de la perte, une perte insensée. » David Elia[2] écrit de son côté : « Face à la vieillesse des femmes, le tabou reste total, mais la menace qu'elles ressentent confusément s'avance à pas lents ; il s'agit de l'une des grandes problématiques de la ménopause... la perte d'identité se profile tandis que le pouvoir de séduction se réduit. » Il faut dire que cet effondrement narcis-

1. *Op. cit.*
2. *Op. cit.*

sique, qui atteint l'être femme dans sa totalité, est aggravé par le contexte culturel qui lui administre une véritable injonction de jeunesse ! Et que dire alors quand cet effondrement se joue sur fond de désertion masculine ?

La désertion masculine

On le dit, le bruit court dans les salons, à l'âge de la maturité, certains de ces messieurs sont habités par un violent désir d'aller voir ailleurs si la chair est plus fraîche. C'est que pour eux aussi le passage n'est pas simple. Sauf que, pour les hommes, le vieillissement ne s'accompagne pas du couperet biologique. Il est socialement beaucoup mieux toléré et il peut être largement compensé par la puissance que donnent l'argent et le pouvoir. S'ils ne vont pas jusqu'à l'effondrement que connaissent les femmes de leur âge puisqu'ils ne subissent pas, comme elles, la guillotine de l'arrêt hormonal, disons que les hommes font l'expérience des lézardes qui progressivement s'installent. Rides, double menton, yeux qui faiblissent, capacités érectiles en perte de vitesse, cheveux qui tombent, ventres qui bedonnent, fatigabilité galopante... Parce que après tout, eux aussi vieillissent, on finirait par l'oublier, eux aussi arrivent à 50 ans dans une société qui vénère les jeunes. Alors, pour se rassurer, rien de tel, se disent-ils, qu'un petit bain de jouvence. Un petit bain qui prend des allures de fléau : à 50 ans, ils quittent leur femme pour une plus jeune. Ils ne quittent pas une vieille femme, ils en prennent une autre qui va pouvoir leur tendre un miroir gratifiant, rassurant, leur dire et leur redire qu'ils sont des amants formidables. Ce n'est pas leur femme qu'ils fuient, mais eux-mêmes ! C'est le bon fonctionnement de leur pénis qu'ils veulent vérifier en allant chercher ailleurs les sollicitations espérées ! La gynécologue Joëlle Brunerie le constate chaque jour dans son cabinet : « Il y a de nombreux cas où les maris partent, même dans les couples qui marchaient bien. Les hommes tombent amoureux d'une fille de 25 ans et lui font un enfant. Ils ont encore la possibilité de donner la vie. C'est toute la différence. Mais il y a des signes avant-coureurs. Ils s'achètent une voiture plus puissante, ils se teignent les cheveux, ils ont le vertige du "pouvoir encore" et en plus il faut les plaindre : "C'est terrible, ce qui m'arrive", disent-ils, comme s'ils étaient atteints d'une maladie. »

Gérard, architecte, est de ceux-là, fou amoureux mais d'un amour qui, chaque jour, le met en danger un peu plus. Il a quitté sa femme, une jolie cinquantenaire et ses enfants étudiants, pour une jeune femme de 25 ans, une stagiaire qu'il a embauchée dans son agence : « Son ventre est dur, ses seins sont durs. Elle me rend fou tellement je la désire, mais elle me met en danger. Lorsque nous faisons l'amour, je me mets sur elle, pour que mon visage ne soit pas dans la lumière. J'ai peur qu'elle voie mes rides. Elle me donne de la fierté, de la jeunesse mais, en même temps, elle me renvoie à mon âge, c'est à la fois bouleversant et terrible. »

Pauvre de lui après tout, qui ignore les vertus de la lucidité. Pour le docteur Sylvain Mimoun, cette fuite vers la jeunesse est une bien mauvaise solution : « Au lieu d'être un facteur de réassurance, c'est un facteur d'aggravation d'angoisse. Ces hommes-là vivent dans l'angoisse du fiasco, c'est une réaction immature. » Fabienne, plaquée par son mari à l'âge de 48 ans, le trouve aujourd'hui pathétique : « Il a 55 ans et n'a rien trouvé de mieux que d'aller se jeter dans les bras d'une fille de 25 ans, l'âge de notre fille aînée. Elle a une énergie d'enfer, il la suit mais il est à bout. Elle l'oblige à porter des T-shirts, comme il a du ventre le T-shirt lui fait ressortir sa brioche, alors elle le met au régime, lui qui adorait bouffer... Elle l'emmène au Club Med, elle fait du ski nautique, du tennis, du jogging, il se croit obligé de suivre. Franchement, c'est pathétique et c'est tellement infantile ! »

Pour celles qui n'ont fonctionné jusque-là que sur le mode de la séduction, le tournant est d'autant plus difficile à prendre que ce fonctionnement se met à dérailler. Privée des deux fonctions de mère et de séductrice qui ont été les deux piliers de sa vie, sur quoi donc la femme, à la beauté et à la jeunesse déclinantes, va-t-elle désormais asseoir sa nouvelle identité ? Qu'en est-il de la femme lorsque celle-ci ne se sent plus désirée, désirable ? « Une femme qui n'est plus désirée n'est plus une femme au sens du féminin érotique, répond Jacqueline Schaeffer. Même sa féminité, qui est son mode d'être, va en prendre un coup à la cinquantaine, il lui appartiendra de continuer à l'exalter, de continuer à faire un travail de féminité. »

La réassurance

Peut-être est-ce là une occasion unique de se débarrasser des avatars de la séduction obligée. C'est un état que certaines femmes connaissent déjà, pour n'avoir pas fondé leur identité féminine sur une érotisation permanente des rapports. Il faudra bien apprendre à se passer du regard masculin ou à le susciter autrement, dans le calme d'une rencontre qui prendra le temps de se construire autrement que sur l'enveloppe corporelle. À le trouver ailleurs, regard d'humain à humain. Un regard de réassurance, quel qu'il soit, d'où qu'il vienne. Car, sans regard, pas de vie. C'est connu. Les SDF en crèvent ! Les cinquantenaires en manque de regard seraient-elles des SRF (sans regard fixe) ? Si l'on ne me regarde plus, c'est donc que je ne suis plus ! Exposant dans son ouvrage *Le Corps sur mesure*[1] le désarroi de son amie Clarisse qui envisage le recours à la chirurgie esthétique pour retrouver une séduction qui s'essouffle, Noëlle Châtelet évoque justement l'absence d'un regard d'homme aimant : « Seul un regard d'homme aimant sur elle pourrait aujourd'hui la dispenser enfin de la séduction avec toute sa batterie d'armes, ses "outils de puissance"... seul un regard d'homme saurait effacer l'impureté

1. Le Seuil, 1998.

du temps... J'y crois, moi, à ce regard d'amour aux vertus magiques et qui défie le temps. Il vaut toutes les chirurgies esthétiques. Il dépose tendrement sur le visage altéré le doux masque de la bienveillance. Il efface d'un sourire les moindres rides, les moindres flétrissures. Il baise silencieusement la fatigue des ans. C'est un élixir. C'est le seul miroir qu'une femme devrait consulter pour y noyer ses doutes, ses inquiétudes. Mais il est rare, hélas, si rare ! C'est aussi son absence cruelle qui fait courir les femmes vers le scalpel, lassées, effrayées de l'image sans concession que leur envoie la glace d'une chambre solitaire. » Le regard est bien ce qui fait vivre et s'aimer. Lors d'un très joli documentaire[1] diffusé sur Arte, sur le thème « Femmes toujours... au temps de la ménopause », une femme seule disait bien son désarroi d'avoir à assumer, sans regard d'homme aimant, son image vieillissante : « Je voudrais rencontrer l'homme qui m'arracherait au monde extérieur », disait-elle. Toujours est-il que, faute d'hommes pour le leur servir, il leur faudra bien apprendre à aller le chercher ailleurs. Mieux encore : à s'en passer. Apprendre à se débarrasser de cette quête de réassurance permanente que les femmes adressent aux hommes et, s'ils n'y sont plus, aux autres femmes... et aux vitrines. Au risque de s'y perdre. « Et si l'on arrêtait pour de bon de scruter notre image dans ces fameuses vitrines, suggère Danièle : il n'y a rien de plus pernicieux que la ville pour son

1. Documentaire diffusé le 5 mars 2000 sur Arte dans le cadre d'un Théma sur les femmes.

image. Car la vitrine nous renvoie l'image d'une femme qui ne peut pas, ne peut plus se comparer aux mannequins. La seule solution est de ne plus s'y regarder ou d'habiter à la campagne, là au moins il n'y a pas de renvoi à l'image. La cinquantaine est le moment de la négociation avec soi-même, on ne peut plus compter sur la société pour se remonter le moral. On ne peut plus compter sur personne pour se rassurer, on ne peut plus compter que sur soi-même, ça suppose d'être bien structuré. » Seule solution, trouver en soi cette réassurance.

On n'ira pas jusqu'à préconiser la solution radicale des féministes pures et dures des « années femmes » qui, réunies en « groupes de conscience » dans une homosocialité (sexualité ?), cherchaient à « se réapproprier leur identité hors du regard de l'homme, ce regard sexué, dominant, dominateur », tant honni, dont il fallait s'extraire à tout prix en se retrouvant entre femmes. Expérience pour le moins troublante, comme le rappelle Claude Habib dans *Souvenirs du féminisme*[1] : « Pouvoir se confier à des femmes et se définir entre femmes, hors de la tutelle et de la censure qu'exerce toujours le regard masculin » : telle était l'utopie de l'époque...

Le sentiment d'incomplétude

N'y aurait-il donc point de salut féminin, hors de la consécration par un homme ? Dans la relation

1. Revue *Esprit*, juin 1988.

sexuelle, sans aucun doute, mais sur le plan social, les femmes peuvent fort heureusement se passer d'un homme pour se faire un statut. Encore que la conquête de l'autonomie féminine se heurte toujours à bien des préjugés. Toutes ces années de libération féminine n'auront pu avoir totalement raison des siècles de conditionnement des femmes à leur « élection » par un homme. Ce conditionnement pèse encore à l'encontre de la femme seule, *a fortiori* quand elle vieillit. Les femmes le subissent d'autant plus lourdement qu'elles ont intériorisé la loi du père ou n'ont pas complètement assumé leur libération. À 51 ans, Noémie, avocate divorcée, a beau s'être accomplie professionnellement et socialement, sa vie se déroule aujourd'hui, dit-elle, sous le signe de l'« incomplétude », du manque à ne pas être « la femme de »... Poids de son éducation, poids de la société, elle dit sentir cette chape sur elle. Fille de chirurgien, ayant grandi dans une famille bourgeoise, mère au foyer, il faut dire que tout l'investissement paternel fut pour son frère. Pour elle, la seule ambition paternelle se limitait à lui souhaiter un mari, des enfants et, à la limite, un métier : « Oui, si tu veux, mais alors apprends à taper à la machine », lui répétait son père... C'était en 1970 : « Alors que je me bagarrais pour réussir mon agrégation de droit, mon père n'avait de cesse de me répéter que tout cela ne servirait à rien, que mon avenir passerait par un homme, un mari qui aurait de l'argent bien sûr pour me "gagner ma vie" et que le plus important était que je sois féminine. » Résultat des courses : une fois son agrégation en poche, mais sans petit ami, elle dut subir les sarcasmes familiaux sur « cette vieille fille » qu'elle allait devenir. « Cette idée du prince charmant, de l'homme salvateur m'a collé à la peau, tout autonome que j'étais, dit-elle. Sans homme à mon bras, je me sentais incomplète, inachevée. J'ai fini par me marier à 35 ans. » Divorcée dix ans plus tard, elle avoue que le spectre de son « incomplétude » se profile à nouveau. « Ce n'est pas que je sois malheureuse d'être seule, ma vie est très riche, très sociale et remplie, mais il n'empêche que tous les matins, la première chose que je me dis en me réveillant, c'est : "Tu es seule, ma pauvre fille, tu es une femme sans homme", comme si j'avais la vérole ! » Pour certaines, même les plus féministes d'entre toutes, qui ont combattu cette idéologie de la mise en sujétion sociale de la femme à l'homme, ce stéréotype de la réussite féminine par le couple peut encore insidieusement leur coller aux basques. Pas facile de s'en défaire, d'autant plus que la société d'aujourd'hui ne fait que renforcer cette obligation de réussite par le couple, qui deviendrait le seul refuge contre l'instabilité des temps.

Il n'en demeure pas moins que la réussite sociale ne suffit pas toujours à leur accomplissement, surtout lorsque, à 50 ans, le champ de la maternité se ferme pour toujours. « La réussite professionnelle et sociale relève plus de la culture masculine que de la culture féminine », explique François de Singly. L'état d'incomplétude dans lequel se sentent certaines femmes qui ont réussi leur carrière mais pas leur vie amoureuse est un signe de leur nonadhésion au modèle masculin. Si le modèle masculin de la réussite, si les valeurs de pouvoir étaient universels, et non pas que masculins, ça suffirait à combler une femme. Or un des traits de la culture féminine est qu'elle se construit dans les relations interpersonnelles alors que le rapport à l'abstraction, par exemple le pouvoir, la réussite, relève plus de la culture masculine. Une femme a beau avoir le pouvoir, si elle n'a pas de vie privée amoureuse, le noyau dur de son identité féminine restera dans cette revendication du « je mérite attention dans une relation personnelle ». Car le pouvoir ne comble pas tout. La femme amoureuse peut sommeiller aussi en toute femme de pouvoir. Même la cinquantenaire socialement accomplie n'échappe pas à la règle : « Si elle n'a pas perdu, dans la lutte pour sa position sociale "phallique", le contact avec ses désirs de féminin et de féminité, elle peut se trouver ravie et émue d'être dominée par le désir d'un homme, confirme Jacqueline Schaeffer. Je pense par exemple à une femme que j'avais rencontrée lors d'une émission de radio, qui dirigeait une armée de motards distributeurs de pizzas, "mes mecs", comme elle disait. Fière de son pouvoir, ça ne l'empêchait pas le soir de se retrouver toute soumise dans les bras de son homme. » En revanche, poursuit la psychanalyste, « si la position "phallique" de la femme de pouvoir se double d'une réelle revendication phallique, c'est-à-dire d'une haine et d'un désir de revanche ou de règlements de comptes avec les hommes, on peut imaginer qu'elle opposera résistance et rivalité à tout homme la désirant, à tout amant de jouissance. Elle préférera le châtrer. »

Le temps des bilans : « Qu'ai-je fait de ma vie ? »

Cinquante ans, moment cruel du bilan où l'on se demande, face à son miroir : qu'ai-je fait de ma vie ? « Le passage des 50 ans est un vrai problème, dit une gynécologue. Beaucoup de femmes mettent leur malaise à vivre sur le compte de leur ménopause. En fait, il y a autre chose qu'elles ne veulent pas s'avouer, puisque lorsque leurs troubles physiques disparaissent grâce aux traitements hormonaux, leur malaise perdure. En fait, c'est l'âge du bilan, elles se demandent si elles ont réussi leur vie de femme, de mère, leur métier. C'est tellement difficile de réussir tout à la fois et c'est tellement rare ! » Attablée dans la salle de restaurant de l'hôtel Mercure, Maïté, attachée de presse dans un grand groupe industriel, divorcée, mère de deux enfants, magnifiques yeux verts et corps d'adolescente, avoue son désespoir d'avoir passé ses 50 ans dans cet état de femme sans homme : « Mes 50 ans, je me les prends "en pleine gueule" parce que je suis seule. J'ai l'impression que ma vie s'arrête maintenant, qu'elle est finie. Trop tard pour trouver quelqu'un : je n'intéresse plus les hommes de mon âge. Pourtant, je voudrais tellement partager. Alors, je pars en week-end avec les copines, je pars en vacances avec les copines, je vais au cinéma avec les copines, je n'en peux plus des copines. Je suis une femme en manque, sans statut, sans amour, sans projet. Il paraît que c'est dur d'être célibataire à 30 ans, eh bien moi, je trouve que c'est encore plus dur d'être divorcée à 50 ans, parce que là, on n'y croit plus du tout. Je me dis que je n'ai plus d'avenir ! » Plus d'avenir, vraiment ? Allons, pas de désespérance. Les lendemains peuvent encore chanter à 50 ans.

4.

L'image en question

À 30 ans, 40 ans, les femmes se sentent femmes, en état de séduire, d'être séduites, sont déjà mères ou mères en puissance, féminité et maternité s'imbriquant dans un vaste champ qu'il appartient à chacune d'exploiter. Qu'elles veuillent ou non accomplir leur destin biologique, elles l'ont en main, pouvant le refuser ou l'exercer en toute liberté. Rien ne leur est interdit, tout est possible, tout est permis et personne de nos jours ne songerait à leur contester ce statut-là. Certes, la société sait aussi se faire pesante à leur égard. La vie des femmes se déroule en permanence sous le contrôle de l'apparence, du paraître et de la norme. Norme physique, norme sociale. Soumises à un idéal de minceur, de beauté, elles ont parfois – souvent – du mal avec leur image et peuvent aussi souffrir d'une distorsion entre leur corps réel et un corps rêvé, entre leur statut réel et un statut idéal. Mais, au moins, elles sont jeunes !

L'obligation de rester jeunes et belles

Les cinquantenaires, elles, ont une double obligation de conformité : rester non seulement minces et belles, mais aussi et surtout... rester jeunes. La soumission aux critères de la norme physique, en matière de beauté et de jeunesse, est encore plus fortement ressentie par les cinquantenaires que par les femmes plus jeunes. C'est que la condamnation est sans appel : on peut maigrir, rectifier un nez trop long... mais, contre la fuite du temps et ses dégâts sur le corps, on ne peut rien, fondamentalement. Remarque d'une esthéticienne : « Beaucoup de mes clientes cinquantenaires sont prêtes à aller très loin pour arrêter le temps, à dépenser de l'argent, du temps, à recourir à la chirurgie esthétique mais, malgré tous les progrès de la cosmétique, on ne pourra jamais leur rendre leurs 20 ans. Tout ce que je peux pour elles, c'est les rendre belles dans leur âge et raffinées. » En effet, on peut arranger, bricoler la nature, ralentir les effets du vieillissement, mais on ne peut pas arrêter le temps. Il est irréversible. Et, surtout, il y a ce fait qu'elles découvrent avec l'entrée en cinquantaine (la quarantaine de la cinquantaine ?) un nouvel âge qui n'a pas de nom. Une nouvelle tranche de vie qui est du côté de l'effacement, voire de la dévalorisation. Car force est de reconnaître qu'il n'y a pas d'images valorisées de la maturité féminine. Au contraire. Voyons, pour commencer, combien le vocabulaire est méprisant... et sexiste pour toute femme qui commet « le péché de vieillir ».

Images dévalorisées, sexisme aggravé

On connaît ces discours, ces jugements à l'emporte-pièce qui stigmatisent la fuite du temps. « Elle a dû être belle », « elle est encore belle », « elle est encore bien pour son âge », « elle n'est pas mal encore », « elle n'est pas trop tapée ». Il y a du regret, du soupir, du passé... Le « encore » signifie forcément une inscription dans le temps et évoque tout l'éphémère, le précaire, le fragile de cette sorte d'arrêt sur âge. Mais il signifie aussi et surtout que notre « encore » belle femme de 50 ans est évaluée à l'aune de sa cote sur le marché de la séduction. Si l'on dit qu'elle est encore belle, cela subodore tout bonnement qu'elle peut encore espérer l'hommage masculin ! On sait bien que l'urgence sous-entendue dans cet adverbe de temps, « encore », n'est rien d'autre que l'expression des rapports de sexe. Allons, n'ayons pas peur des mots, c'est bien parce qu'elle est encore... « baisable » ! Restes de beauté à picorer, temps compté pour en profiter... Dirait-on de la même manière qu'un homme à la belle cinquantaine est « encore beau » ? Non, on dira : « C'est un bel homme », tout court, un homme au charme fou ! Pourquoi ? Parce que non seulement la capacité de séduction d'un homme « mûr » n'est pas atteinte par la limite d'âge, mais elle pourrait bien au contraire trouver dans l'âge, l'expérience et le pouvoir quelques atouts supplémentaires. Dans ce cas, il n'y a pas d'urgence, il y a de la constance. Le vocabulaire est pris en flagrant délit de sexisme aggravé... Mais poussons plus loin encore les subtilités du langage. Quittons la terre cinquantenaire pour faire un grand saut : nous voilà cette fois au quatrième âge. Devant nous, une belle vieille dame pomponnée, 80 ans environ, peau poudrée, cheveux bleutés. Dira-t-on d'elle qu'elle est « encore » belle ? Non, parce que lui rendre ce genre d'hommage reviendrait à l'évaluer sexuellement, ce qui n'est plus de mise ! Alors on oubliera le « encore ». L'éloignement du temps de la fraîcheur vous fait très vite basculer dans la catégorie des « vieilles peaux ». « La femme vieillissante se sent misérable à cause d'un déséquilibre hormonal, certes, mais aussi à cause du regard de la société sur elle, écrit l'écrivaine Benoîte Groult[1]. Le vocabulaire la désignant est méprisant, riche de mots insultants qui n'ont jamais de masculin. On est une vieille peau, une rombière, une vieille garce (être un vieux gars est honorable), une grognasse, une poufiasse, une vieille dondon. À la limite, on est tout simplement une femme qui n'a plus ses règles... Cela suffit à vous dévaloriser. » Et de raconter cette anecdote qui lui était arrivée dans une petite ville du Var, où elle habite, et où la circulation est délicate dans les

1. Citée dans *Le Bonheur à cinquante ans, op. cit.*.

rues en pente : « Un conducteur en colère m'a crié : "Va donc eh ménopausée !" Je n'ai pas pu lui répondre : "Et toi vieille prostate !" Les organes masculins ne sont pas utilisés comme injure. On peut rire mais cela cache quelque chose de plus grave. Le langage n'est jamais innocent. Il révèle nos préjugés, nos tabous, nos fantasmes. » En l'occurrence, il ne révèle rien de plus qu'une forme aggravée du sexisme ordinaire – sa déclinaison ménopausique –, qui rampe encore dans certains esprits mâles et pas forcément les plus frustes. Voir les exemples récents débusqués par l'association Les chiennes de garde [1].

La honte de vieillir, le devoir de jeunesse

Les cinquantenaires ressentiraient-elles avec autant d'acuité et de gravité les signes d'une vieillesse annoncée, si elles ne vivaient pas dans une société où l'image de la jeunesse est reine et où le vieillissement est refoulé ? Signalons en passant que c'est souvent plus l'idée de la jeunesse que la jeunesse elle-même que notre société vénère aujourd'hui. Amour paradoxal qui fait parfois adorer le

1. Parmi les actions/réactions engagées par l'association Les chiennes de garde, citons notamment celle qui, le 15 novembre 1999, a consisté à apporter leur soutien aux « Mères de la place de Mai », menacées, insultées sous le vocable de « vieilles putes » parce que, depuis 1977, ces femmes argentines manifestent pacifiquement chaque jeudi sur la place de Mai à Buenos Aires pour réclamer justice et vérité pour leurs enfants enlevés, torturés, assassinés pendant la dictature militaire (1976-1983).

concept bien plus que sa réalité. Ce n'est pas tant la jeunesse qui est aimée que la vision parfaite que chaque génération s'en crée. La société valorise une jeunesse mythique tant dans sa durée (jeunesse éternelle) que dans ses attributs et se débarrasse peut-être ainsi de la jeunesse dans sa réalité quotidienne. Mécanisme bien connu, la pauvreté est scandaleuse mais les pauvres sont infréquentables, la jeunesse est la valeur suprême, mais les jeunes encombrants. C'est ce que démontrent Christian Baudelot et Roger Establet[1] quand ils expliquent comment la France « maltraite sa jeunesse[2] ». Il n'en demeure pas moins que la valeur dominante de notre société est aujourd'hui la jeunesse. Jeunesse/jeunisme qu'il faut parvenir à affronter. La mise au pinacle de la jeunesse aurait donc plus d'effets négatifs sur les adultes et, tout particulièrement, sur les femmes, qu'elle n'aurait d'effets positifs sur les jeunes en tant que tels... Subissant cette pression sociale constante qui, par le vocabulaire, l'imagerie, l'absence de représentation, stigmatise leur prise d'âge, les femmes vieillissantes en viennent à parler de la honte de vieillir. Danièle, qu'on ne soupçonnerait pas d'être habitée par un tel sentiment, à la voir ainsi élégamment vêtue et portant haut sa cinquantaine, le dit pourtant : « Je sens bien que je ne suis plus comme il faut, sous-entendu plus conforme à ce qu'on attend de moi. » Ce qu'on attend d'elle ? L'observance du devoir de beauté, du devoir de jeu-

1. *Avoir 30 ans en 1968 et 1998*, Le Seuil, 2000.
3. *Le Nouvel Observateur*, n° 2228 du 2 au 8 mars 2000.

nesse sans cesse martelés par la communication dominante. Non seulement les femmes obéissent mais elles ont intériorisé cette injonction au point qu'il ne leur viendrait pas à l'esprit d'oser s'y soustraire, sauf à rentrer au couvent. Bruno Remaury, professeur à l'Institut français de la mode, qui a étudié « les images du corps féminin entre cosmétique et santé [1] », parle à ce propos de « terrorisme des modèles corporels ». « Ce qui est normatif pour la femme aujourd'hui, ce n'est pas le fait de se voir imposer des modèles de beauté – ils ont toujours existé –, ni de s'entendre dire sans cesse qu'elle doit être belle – elle a rarement eu droit à d'autres discours –, mais de s'entendre affirmer sans cesse qu'elle peut l'être, si elle le veut (...) elle en est responsable. De devoir social ("Si j'y arrive, tant mieux"), la beauté est devenue un devoir moral ("Si je veux, je peux") dans lequel l'échec n'est plus le seul fait d'un handicap de départ, mais bien plutôt le résultat d'une incapacité individuelle. » Pour le sociologue François de Singly, « l'impératif de jeunesse et de modernité s'impose à tout le monde, aux femmes comme aux hommes, cet impératif-là, il n'y a pas à le dénoncer, rester jeunes et dans la course, en termes de disposition d'esprit, c'est positif ». « En revanche, poursuit le sociologue, ce qui crée du malheur, c'est l'association entre jeunesse et beauté. On ne cesse de répéter aux femmes que leur beauté est menacée par les rides, alors qu'on ne le dit pas aux hommes. » Même si la tentation

1. *Le Beau Sexe faible*, Grasset/*Le Monde*, 2000.

existe aujourd'hui de soumettre les hommes à la dictature du « paraître jeune et beau », tel qu'on peut le remarquer dans les magazines masculins[1] qui inondent actuellement le marché, l'entreprise reste encore confidentielle. Rien à voir avec les commandements adressés aux femmes sans même qu'elles s'en rendent compte : « Restez jeunes et belles », « Comment ne pas vieillir », « Le secret pour ne pas vieillir »... Se pliant à ce devoir de fraîcheur et de fermeté auxquels tous les agents « communicateurs » (annonceurs de produits cosmétiques, presse féminine) les enjoignent, les femmes y gagnent le rêve d'une éternelle jeunesse. Les femmes « vieillissantes » sont sous perfusion permanente de ces promesses et injonctions de jeunesse proposées par la pub et diffusées par la presse féminine. Stigmatisant les magazines féminins dans cette dictature du bonheur à laquelle ils soumettent les femmes, l'écrivain Pascal Bruckner reconnaissait dans une interview à *Elle*[2] : « Bien-être, forme, minceur, retrouvez votre énergie, 30 ans, rien que du bonheur... La presse féminine et la nouvelle presse masculine sont des lieux où cette idéologie du bonheur règne en maîtresse absolue... Cette presse qu'on dit légère et qui ne l'est pas du tout allège et culpabilise à la fois. Elle est remplie d'impératifs catégoriques. D'un côté ces magazines disent : “Ne vous contentez pas de ce que vous êtes, ne vous laissez pas écraser par la fatalité, vous pouvez modi-

1. *M. Magazine, Mean's Health, Chromosome,* etc.
2. N° 2831, 3 avril 2000.

fier la nature" et, en même temps, ils offrent en permanence des modèles d'hommes et de femmes performants qui mettent le lecteur devant ses insuffisances. Cette injonction à la forme, au tonus est à la fois une injonction démocratique, puisque nous pouvons tous faire mieux, et une confrontation de nous-mêmes avec nos propres échecs. Cette presse ne cesse d'alimenter l'inquiétude qu'elle apaise en même temps. » Depuis quelques années, la production cosmétique relayée par la communication publicitaire et médiatique n'a désormais qu'une seule et même cible : la lutte contre les rides et le vieillissement. Amusons-nous à un repérage des formules employées dans les annonces publicitaires d'aujourd'hui, qui ordonnent aux femmes d'user de « fermeté avec les rides » : on ne parle que de « nouvelle jeunesse du regard », de « la puissance antirides du rétinol », d'« une peau lissée repulpée », de « la crème action anti-âge visible », du « fond de teint qui rajeunit visiblement », du « Reti C, la nouvelle intervention contre le vieillissement » ! On pourrait ainsi continuer la liste des formules censées informer, accompagner, « aider » les femmes dans leur combat sur le front de la jeunesse. Des promesses régénérantes qui font du bien (promesses et illusion de jeunesse éternelle) même si l'on sait pertinemment qu'elles ne seront pas tenues. Mais on ne mesure pas le travail de sape qu'elles mènent sournoisement. Car derrière, il y a ce message subliminal qu'il n'est pas bon de vieillir. Si l'on déclare à ce point la guerre contre les rides, c'est que les rides sont une bien sale affaire et qu'il y a lieu de les exterminer. Dont acte. L'attaque des rides a pour effet pernicieux d'attenter à l'identité de celles qui en portent la marque. On lutte pour être jeune, mais en attendant et bien malgré soi, on lutte contre soi-même. On se rêve « une autre ». C'est la force – et le piège – de toute cette communication que de permettre à toutes les femmes de se projeter sous les traits d'un modèle de beauté idéale. Plus minces quand elles sont rondes, plus belles quand elles sont ingrates. Et cela va de soi, plus jeunes quand elles sont vieillissantes. D'autant plus qu'en ce qui concerne cette question taboue du vieillissement, aucune représentation de ce que pourrait être « une belle femme dans sa cinquantaine » n'aide à l'acceptation de soi-même. Impossible représentation, tant elle heurte l'habitude d'une vision lisse des corps et des visages ? Refus des femmes de se voir telles qu'elles sont ? Nous y reviendrons. En attendant, penchons-nous sur la question de leur absence du champ visuel.

Pas de modèle de la femme de 50 ans

Une femme de 50 ans, personne ne sait exactement à quoi ça ressemble. Pour cause, on ne la montre pas, on ne la représente pas, on ne la fait pas – ou rarement – vivre, sauf quand elle est incontournable, c'est-à-dire femme de pouvoir, mais alors dans un champ « désexualisé » ou quand elle fait l'actualité. Les cinquantenaires sont quasiment exclues des modes de représentation visuelle qu'offrent les champs publicitaire, médiatique et cinématographique : il n'y a de cet âge aucun modèle de référence.

Femmes de 50 ans, ciblées par la pub mais pas représentées

Exemple le plus flagrant : la publicité. Pour le monde publicitaire, la femme emblématique de toutes les femmes est une femme jeune et sexy. Elle est leur dénominateur commun. Quand il s'agit de communiquer en direction des femmes en général, c'est donc une femme jeune – et belle, cela va de soi – qui est chargée de « porter » le message. Parce qu'elle est seule capable de diffuser l'image de bonheur qu'on attend d'elle. Il n'y a pas à crier au scandale devant ce choix de la jeunesse, mais juste à en chercher le sens en constatant qu'il l'emporte sur un autre choix qui pourrait être tout aussi bien celui de la maturité, pourquoi pas après tout ? Question de choix de société, bien sûr, question d'efficacité. Car, comme le dit ouvertement Nicolas Bordas, le brillant président quadragénaire de l'agence BBDP et Fils : « Il y a peu de cas de figure où c'est un avantage de mettre en scène de manière assumée et délibérée une femme de 50 ans. » On ne peut être plus clair ! La pub est une affaire faite pour créer de la demande et du désir. Logique implacable dans laquelle la femme à la cinquantaine prononcée n'a plus sa place. Et sûrement pas une place susceptible de promouvoir l'idée positive du bonheur et de la réussite. Autrement dit, une femme vieillissante en tant que telle, ça ne peut pas rapporter gros ! À moins que son utilisation ne serve à autre chose. À un détournement d'image, par exemple, dans l'espoir de faire rire – et donc de faire passer le message – par un effet « décalé ». C'est ainsi qu'une pub sur la prévention du sida présentait, entre autres personnages, une femme d'une soixantaine d'années parlant des avantages du préservatif dans le cas des pénétrations anales ! En revanche, il est un cas de figure où la femme vieillissante est recherchée dans toute la force de son expérience, c'est lorsqu'elle peut incarner des valeurs de transmission. « Je suis vieille, donc je sais. » Elle transmet tout ce qu'elle sait de la vie en général et domestique en particulier. C'est la mère qui parle à sa fille, jeune adulte entrant dans sa vie de femme, c'est la grand-mère qui offre la valeur refuge de l'expérience et de la tradition. Mamie sait choisir un bon café, pensez donc, elle a essayé tant de marques de café pour le plaisir de sa petite famille ! Mamie en connaît un rayon sur les machines à laver et l'efficacité imparable de l'eau de Javel, pensez donc, elle a tant frotté dans sa vie ! On peut la croire ! La force de son témoignage est validée par le poids des ans passés à nourrir la famille et à récurer l'évier : on aime la femme mûre pour son expérience de bonne mère et de bonne ménagère. L'image de la mère des baby-boomeuses n'est pas loin... En revanche, le problème se complique dès lors qu'on vise la femme dans sa féminité, c'est-à-dire dans son identité de femme. Là, plus question de valoriser et de positiver sa maturité. Normal, comment valoriser ce qui est censé avoir disparu du terrain de la féminité, c'est-à-dire du terrain de la séduction ? Et même si c'est à elle qu'on s'adresse, par exemple lorsqu'il s'agit de l'aider à mener la guerre contre ses sales rides qui lui minent la mine et le moral, il n'est pas question de la montrer, ni de la mettre en scène. Elle a beau représenter à l'heure actuelle le marché le plus prometteur pour l'industrie du cosmétique, on la contourne en tant que modèle ! On vante et vend les promesses de jeunesse des crèmes anti-âge mais en ayant bien soin de ne jamais la montrer. Les produits cosmétiques anti-âge visent le marché des 40-60 ans mais on expose, pour en vanter les mérites, des visages parfaitement lisses, souvent retouchés et donc trompeurs, de mannequins de 20 ans, renvoyant à une image parfaitement stéréotypée de la féminité ! Isabella Rossellini, qui pensait vieillir avec Lancôme dont elle était l'égérie, a découvert à ses dépens qu'elle se trompait. Elle dit toute l'ambiguïté de la femme de 50 ans face à son âge, mêlant sa fierté d'être une femme épanouie et son regret, son dépit de ne plus être, de ne plus continuer à être une figure emblématique. Elle raconte comment, lors d'une séance photo, elle a fièrement exhibé les premières taches brunes apparues sur ses mains devant un directeur artistique horrifié... et avoue sa déception, en 1995, lorsque Lancôme met fin à son contrat. Déception pour elle, bien sûr, mais aussi pour toutes les femmes qu'elle représentait : « Il y a aujourd'hui une sorte de mauvaise tendance à définir élégance et glamour en fonction de l'âge. Bien sûr, il y a des exceptions : par exemple, Catherine Deneuve ou Jeanne Moreau, souvent citées comme beautés exemplaires. Pourtant, je ne crois pas qu'associer la jeunesse et la beauté corresponde au rêve des femmes. Nous sommes beaucoup plus ambitieuses que cela. On peut rêver d'être riche, d'avoir beaucoup d'enfants, de l'élégance ou du style, mais vivre comme un drame l'apparition d'une ride sur le visage, non. C'est un préjugé du monde de la publicité. »

Préjugé ou réalité

À entendre les publicitaires, à lire les résultats des enquêtes, il semblerait que la publicité ne fasse que refléter l'opinion des femmes : celles-ci ne voudraient pas se voir telles qu'elles sont. Autrement dit, les publicitaires éviteraient de montrer des visages de femmes mûres, parce que les femmes elles-mêmes ne le souhaiteraient pas. Mais ils oublient de dire que ces mêmes femmes sont conditionnées par les images de jeunesse qu'on leur impose... Alors sont-elles vraiment libres ? Toujours est-il que les études montrent effectivement le décalage qui existe entre l'âge réel et la perception qu'on en a. Il y a en effet un différentiel de l'ordre de dix à quinze ans dans la perception de la vieillesse des autres et de son âge propre. Pour un enfant de 10 ans, une personne âgée de 25 ans est vieille, pour un soixantenaire, un vieux a 75 ans ! De même, la perception que l'on a de soi, passé les 30 ans, est décalée vers un âge plus jeune. Une femme de 30-35 ans se voit plus proche d'une femme de 25 ans que de ses congénères. Une femme de 50 ans, prise dans cette logique, ne se voit donc pas vieille mais se voit comme une femme de 35-40 ans. Difficile pourtant d'imaginer qu'une femme de 50 ans puisse avoir du mal et du désagrément à s'identifier à des femmes telles que Catherine Deneuve ou Isabella Rossellini ! Mais il faut aussi tenir compte d'un autre facteur : celui de l'inconscient des publicitaires et des annonceurs – en majorité jeunes – qui voient la vie à leur image ! Il existe par ailleurs trop peu de visuels de femmes mûres pour en déduire que la cause est entendue et que les femmes de 50 ans refuseraient de s'identifier à leur âge. Trop peu d'expériences ont été tentées dans la recherche de ce que pourrait être l'image d'une maturité sensuelle et féminine pour conclure à son impossibilité. Il faut bien reconnaître que la plupart des tentatives de représentation de l'âge mûr ont été malheureuses ! Souvenons-nous de l'expérience de Beiersdorf qui avec courage, il y a huit ans, avait lancé Nivéa Vital pour « peaux matures » en choisissant un modèle mature. Le mannequin était une femme débordante de vitalité, certes, mais qui arborait des cheveux gris. Les directeurs artistiques n'y étaient pas allés de main morte. Rédhibitoires, les cheveux gris, symbole s'il en est du vieillissement, voire même de la vieillesse ! Honnêtement, quelle pouvait être la femme non grisonnante ou grisonnante/colorée qui pouvait avoir envie de s'identifier à plus vieille qu'elle ? Fatale erreur de psychologie ! Erreur corrigée aujourd'hui par le recours à une vraie femme de 50 ans, arborant de superbes pattes d'oie et quelques rides d'expression au coin de la bouche. Autre tentative, celle d'Isabella Rossellini, mais qui laisse songeuse par son radicalisme. Pour lancer sa ligne de cosmétiques « Manifesto », l'ancienne égérie de Lancôme a choisi une « esthétique » discutable. Rompant radicalement avec l'iconographie habituelle, la marque a choisi de montrer le visage d'une femme qui doit avoir dans les 60 ans, dont le maquillage blanc sur les rides et ridules donne l'aspect d'un papier tout froissé. L'image – un peu mortuaire – fait froid dans le dos ! Le trait, pour le coup, est, comme on dit, un peu trop forcé ! Alors, jamais contentes, les filles ? Non, disons plutôt qu'entre le rêve de beauté idéale que nous propose un visage lisse de 20 ans et l'hyperréalisme que nous inflige un visage ravagé de 60 ans, il y a peut-être un juste milieu à trouver. Par exemple, le beau visage d'une femme tendrement et sensuellement photographiée. Car on ne saurait assez insister sur la responsabilité du photographe de faire « belles » les femmes autrement... Comme le fait remarquer Frédéric Leob, consultant en innovation : « L'œil des photographes est habitué depuis des années à ne travailler que sur des peaux lisses. » L'exemple de la marque Weinberg montre pourtant qu'il peut en être autrement. Souvenons-nous en effet de cette marque qui, durant toute une campagne d'affichage, montra des mannequins qui avaient réellement 50 ans, magnifiquement photographiées. On y voyait notamment le bas d'un visage tourné sur une épaule dénudée par une veste chic : les petites rides s'y laissaient deviner, la féminité s'y laissait entrevoir par toute la sensualité qui se dégageait d'une maturité assumée. Les photos étaient belles, les femmes étaient belles. Elles portaient leur cinquantaine avec douceur et tendresse, accueillant l'âge comme une nouvelle opportunité d'être femme. Le visuel s'accompagnait d'un texte non moins audacieux[1]. Mais pour des raisons stratégiques, l'expérience tourna court. Elle eut au moins le mérite de prouver que la maturité féminine pouvait être non seulement représentable mais sensuelle !

Femmes de 50 ans, lectrices non identifiées

Autre exemple d'évitement de la cible et de la thématique de la maturité : la presse féminine haut de gamme. Dans un récent ouvrage, au titre informatif : « Dites-le avec des femmes », quatre journalistes dressaient un réquisitoire argumenté de l'absence de visibilité des femmes dans les médias écrits et audiovisuels d'information générale[2]. On

1. « J'ai dix ans de moins que ma mère au même âge », « Plus je me regarde, moins je regrette mes 20 ans », « Et dire qu'à 20 ans, j'avais des complexes... Si... Si ! », « C'est quoi le démon de midi au féminin ? Juste pour savoir... »

2. *Dites-le avec des femmes,* par Virginie Barré, Sylvie Debras, Natacha Henry et Monique Trancart, éd. CFD/AFJ, juin 1999. L'ouvrage débusque le sexisme ordinaire dans le contenu de

pourrait appliquer cette analyse à la presse féminine en stigmatisant la quasi-absence de visibilité des femmes « matures ».

Alors que les femmes entre 45 ans et 59 ans représentent environ 5 millions de lectrices potentielles, aucun magazine féminin n'en a fait – comme on dit – son cœur de cible. Pour cause, la lectrice type de tous les féminins réunis – excepté *Marie-France* – a entre 20 et 35 ans : elle est le modèle référent de la femme moderne, à charge pour elle de créer l'identification avec les autres, plus vieilles, s'entend. Comme dans les représentations publicitaires, *la* femme générique, censée parler à toutes *les* femmes, est une femme jeune, belle et sexy. *Cosmopolitan* s'adresse aux filles de 20 ans, *Elle*, *Femme*, *Biba*, *DS*, aux femmes de 30 ans, *Marie-Claire*, qui jusque-là pouvait se vanter d'être un généraliste intragénérationnel, a décidé d'entreprendre un grand lifting de son lectorat. Le numéro daté de janvier 2000 annonçait clairement la couleur avec un sondage sur... la femme de 30 ans. On nommait la lectrice que l'on visait et qui était désormais chargée d'incarner « la femme ».

Seul *Marie-France* cible les femmes de 40 ans et plus, aux prises avec l'adolescence des enfants et leur périménopause. Cela dit, le problème est plus

---

l'information à travers une enquête menée par l'Association des femmes journalistes sur un an d'analyse de sept médias français. Exemple : alors que les femmes représentent 51,34 % de la population française, elles ne sont plus que 17 % des personnes interviewées dans les quotidiens, bulletins radio et journaux télévisés. Il en résulte une marginalisation et une dévalorisation des femmes dans la représentation de la réalité.

subtil qu'il n'y paraît. Il serait erroné de dire que les femmes mûres – parce qu'elles ont cinquante ans – sont exclues du paysage balayé par la presse féminine. On les cite, on les montre, parce qu'elles font l'actualité, parce qu'elles ont réalisé un film, parce qu'elles ont écrit un livre... parce que leur notoriété est une référence qui se suffit à elle-même. La femme mûre pourra être sans problème un support d'actualité, mais elle ne sera support de féminité que si elle est connue et reconnue. Il lui faut un passé de beauté pour la rendre crédible dans son rôle de femme de 50 ans, comme Dayle Haddon, mannequin américain, qui incarne l'image de la beauté mature pour L'Oréal Paris et qui vient de publier *La beauté n'a pas d'âge*[1]. Mais la femme anonyme mature, elle, n'est pas encore devenue un modèle référent de féminité. La règle de l'image dominante de la femme dans les magazines féminins comme dans la publicité est encore et toujours celle d'une féminité incarnée par la jeunesse et la beauté. Alors, libre aux femmes de 50 ans de lire les féminins – et elles sont nombreuses –, elles s'y retrouveront d'ailleurs parfois à travers la lecture de thèmes transversaux, tels qu'ils apparaissent dans *Elle* et *Marie-Claire*, les plus généralistes de tous les féminins haut de gamme. Mais ces femmes-là iront picorer les miettes d'une féminité exaltée par des femmes jeunes.

Alors femme de 50 ans, *quid* de votre identité féminine ? C'est un fait, la problématique identi-

1. Michel Lafon, éditeur.

taire de cet âge-là n'est jamais abordée en tant que telle. Quand on évoque la cinquantaine, c'est toujours en la réduisant à sa réalité médicale dans les rubriques santé des magazines généralistes ou dans des magazines spécialistes de la santé. On y expose les effets et les risques du retrait hormonal, on y énonce les solutions aux problèmes, mais on évite soigneusement de parler de la problématique cinquantenaire. Trop douloureux sans doute. « Les magazines féminins parlent de la ménopause comme si c'était un challenge à réussir, on nous dit que la THS va tout résoudre, finalement on l'aborde en la niant, se plaint Martine, lectrice assidue de la presse féminine. Il faudrait sortir des clichés, ce serait œuvre utile. J'aimerais tant trouver dans la presse féminine plus de profondeur et de vérité sur les expériences de chacune à cet âge difficile que nous traversons, car ce n'est que la somme des expériences individuelles qui est intéressante. » Analyse confirmée par le gynécologue Sylvain Mimoun qui voit dans cette approche édulcorée de la ménopause la peur de faire peur aux lectrices, la peur de ne pas vendre : « Dans les journaux féminins, on aborde les solutions mais on n'étudie pas la problématique ! » Et de citer la manière frileuse dont la télévision elle aussi aborde la ménopause : « Alors que je devais participer à une émission qui devait s'appeler "Ménopause/Andropause", celle-ci fut débaptisée pour devenir : "Comment rester jeune après 40 ans" ! C'est symptomatique de ce besoin qu'ont les éditeurs et les producteurs de faire à tout prix du positif. »

Faire positif, donc jeune, tel est le credo des médias. Le fait est là : aucun titre féminin n'a osé jusqu'à ce jour se lancer dans l'exploration de la cible des péricinquantenaires. Résultat : entre la presse haut de gamme dont le cœur de cible est 30/35 ans et la presse senior qui s'adresse aux retraitées, il n'existe rien. Rien que des femmes laissées sur le bord, plus assez jeunes et séduisantes pour qu'on parle d'elles dans les féminins, pas assez vieilles et trop séduisantes pour qu'on parle d'elles dans la presse senior. Entre les deux, une sorte de *no woman's land* qui correspond bien à cette difficulté qu'a la société de situer cette tranche de « l'entre-deux-âges ». Consciente de ce manque à gagner, la presse senior s'en est émue et a décidé elle aussi un grand lifting et une opération de féminisation de son lectorat retraité. C'est ainsi que *Notre temps* s'est mis à lancer des « spécial beauté » et que le magazine *Pleine Vie*, qui se présente volontiers « comme une alternative à la presse senior et à la presse féminine », s'attaque au marché des cinquantenaires. Il est vrai que son lectorat est majoritairement féminin, mais pour autant le magazine ne vient pas combler ce trou laissé par les féminins. Même insatisfaites par des magazines qui ciblent des jeunes, les femmes actives de 50 ans se reconnaîtront-elles dans cette presse marquée par l'image de la retraite ? Alors *quid* d'une presse féminine de la maturité faisant vivre des cinquantenaires actives, vivantes, féminines ? À cette question les éditeurs de journaux ont la réponse : « Ça ne marchera jamais ! Les femmes ne veulent pas se voir à ce moment-là de leur vie. Elles ne veulent se projeter que sur des plus jeunes. Elles ont beau dire qu'elles sont frustrées de ne voir que des visages jeunes dans les magazines féminins, de ne pas s'y retrouver, ça c'est de la proclamation, car en réalité, elles ne souhaitent pas autre chose. » Vrai, faux ? Comment savoir ce qu'elles souhaitent réellement, puisque toutes les représentations dominantes de la féminité ne font qu'accroître un ensemble de normes intériorisées par les femmes. Des normes, comme le dit l'anthropologue Véronique Nahoum-Grappe, qui « offrent l'image moderne de la femme, telle qu'elle doit être, si l'on nous accorde que les représentations majoritaires qu'une société accroche sur ses murs en permanence présentent de façon implicite ses modèles d'identification [1] ». Enfin, comment savoir puisque aucun groupe de presse en France n'a réellement essayé de relever le défi d'un magazine de la féminité éternelle ? Seule Élisabeth Lefebvre a aujourd'hui trouvé un élément de réponse en détournant ce lectorat vers un autre style de presse : l'art de vivre. « Il y a un malaise dans la presse féminine, qui a perdu des lectrices, dit la créatrice d'*Atmosphère.* Les lectrices de 50 ans fuient ce qu'elles ne peuvent plus être. Alors elles basculent sur la presse Art de vivre et Déco. Elles se replient sur la maison, les voyages, la culture. »

1. *Le Féminin,* Hachette, 1996.

Femmes de 50 ans, interdites de rides à la télé

Mais la presse n'est rien à côté de la télévision. Amusez-vous quelques jours à éplucher de manière critique les émissions sur votre petit écran. Qu'y voyez-vous ? Des hommes jeunes pas toujours beaux, des femmes jeunes toujours belles et sexy, et des hommes d'âge mûr. Qui manque à l'appel ? Des femmes d'âge mûr ! Bravo ! Sauf respect dû à leur charme, MM. Poivre d'Arvor (TF1), Sérillon (France 2), Gildas (Canal +), Drucker (France 2), Ardisson, Séguillon et Giesbert (Paris Première) ne sont plus de la prime jeunesse. Regardez les filles maintenant, à compétences égales : Ruth Elkrieff, Claire Chazal, Béatrice Schönberg, Carole Gaessler, Élise Lucet, Isabelle Giordano, Daniela Lumbroso. Ce qui les différencie de leurs collègues hommes ? Leur âge : elles ont entre dix et vingt ans de moins qu'eux. L'inégalité hommes/femmes sur le plan professionnel devant le vieillissement se donne à voir dans toute sa vérité/cruauté dès lors qu'hommes et femmes sont dans des postes de représentation. Résultat : « À la télé, on a droit à un homme vieillissant mais jamais à une femme vieillissante », s'insurge la députée Roselyne Bachelot, alors qu'elle participe à l'émission critique sur la télévision de Daniel Schneidermann. Et de poursuivre : « Avez-vous remarqué l'utilisation du couple quand un homme et une femme présentent ensemble une émission de variétés ? Eh bien la jeune femme, toujours belle et sexy, sert de faire-valoir à l'homme, généralement plus âgé qu'elle » : voir, par exemple, le couple formé par Anne Depetrini (30 ans) et Philippe Gildas (64 ans) sur Canal +. La télé ne veut du côté des femmes que de la chair fraîche, alors que, du côté des hommes, elle n'hésite pas à nous resservir le même plat depuis des années. Ce qui est gênant n'est pas qu'on nous le resserve quand il est bon, mais qu'on nous le supprime quand il est servi – même bon – par une femme atteinte par la limite d'âge. Ce ne sont ni Anne Sinclair ni Christine Ockrent qui pourront nous contredire, même si la raison officielle de leur écartement des heures de grande écoute fut imputée à leur statut de femmes de ministres en exercice ! Parmi les chaînes qui cultivent le jeunisme en général et celui des femmes en particulier, la chaîne tout info LCI : moyenne d'âge des femmes, 25 ans ! Ce qui confère d'ailleurs à cette chaîne un aspect particulièrement monotone : jeunes journalistes mais toutes faites sur le même moule, à croire que la chaîne les « clone » !

Le sexisme n'est qu'une forme aggravée du jeunisme des chaînes, qui tendent à considérer que la créativité ne peut être que du côté de la jeunesse. Loin de nous l'envie d'opposer les jeunes aux vieux mais de signaler que la créativité a aussi ses chances d'émergence dans la diversité et la rencontre de toutes les générations qui apportent leur savoir-faire et leur savoir-être. En attendant, les premières victimes de ce jeunisme rampant sont les femmes vieillissantes. Seules rescapées du génocide des femmes mûres, les journalistes spécialistes : Arlette Chabot et Catherine Ceylac (politique), Martine Alain-Regnault (santé), généralement programmées en deuxième partie de soirée, voire tard le soir ou tôt le matin ! Une journaliste de *Marie-Claire*[1] enquêtant sur l'exclusion des femmes quadras-quinquas de la télé rapportait cette confidence de Maryse Gildas : « Il y a deux ans, pressentie au même titre que cinq autres femmes de ma génération, parmi lesquelles Évelyne Pagès et Marie-Laure Augry, pour animer un talk-show sur TF1, on nous a finalement préféré une débutante de 32 ans, renvoyée au bout de six mois. » *Exit* l'émission, avec l'animatrice. « Les sujets étaient lourds, la fille pas assez solide, c'était évident, commente Maryse Gildas. Aujourd'hui pour faire de la télé, il faut être une bimbo : avoir des seins, du cul, une grosse bouche et beaucoup de cheveux. Moi, j'ai beau m'être fait refaire les paupières et un petit lifting cervico-facial, je suis loin du compte ! »

Autre expérience vécue et relatée par Sophie Darel, qui fut jusqu'aux années 1980 la coprésentatrice attitrée de Guy Lux : « Après Guy Lux, j'avais des projets, raconte-t-elle, mais pour les producteurs, la page était tournée. On m'a fait comprendre que j'étais trop vieille pour refaire de l'antenne... J'avais 35 ans et l'impression d'être vieille et moche. Alors on se dit qu'on va se faire refaire quelque chose. C'est le regard des autres qui oblige à le faire. Je me suis donc fait refaire les yeux. Peu de temps

1. « Télé : interdite de rides », par Caroline Rochmann, mai 1999.

après, le nez. Quelques années plus tard, le cou. En France, à la télé, la vieillesse est vraiment taboue. Résultat : tout le monde veut rajeunir. » Et de raconter sa dernière expérience avec France 2 où elle présentait un projet. On lui répond : « Votre idée est bonne mais il n'est pas question que vous présentiez l'émission. Nous avons un mot d'ordre : présenter des émissions jeunes avec des gens jeunes. » « Ces réflexions font mal. On doute de soi, on finit par se demander si l'on est encore capable de séduire. » Toutes se plaignent d'être mal éclairées, mal filmées : « Il paraît que les femmes de 50 ans n'accrochent plus la lumière », raconte Roselyne Bachelot rapportant des propos entendus en coulisse !

Explication de ce sexisme ? L'audimat soumis à la surenchère de la télé-business, qui fait de la belle fille sexy son atout majeur. Dictature des patrons de chaîne, dictature des producteurs qui subordonnent la production audiovisuelle à leur vision masculine en projetant leurs fantasmes sur l'ensemble des spectateurs : des filles « bandantes » au décolleté profond, bref de quoi se rincer l'œil ! Mais n'allez pas croire que les femmes en situation de décideurs sont là pour défendre une conception moins terroriste et sexiste de l'image féminine. Consentantes ou pas, elles souscrivent – et parfois même en rajoutent – à la loi du genre : la loi du marché. Auraient-elles envie – et c'est à voir – de chambouler tout cela, que, de toute façon, elles ne le pourraient pas : elles ne travaillent pas à la télévision pour faire la révolution ! Il faut des belles filles à l'écran, point à la ligne. Des belles filles pour animer les émissions, pour présenter les JT et pour jouer dans les fictions. Des belles filles, qui doivent avoir « la poitrine TF1 », comme le lança dernièrement un responsable de la fiction à une directrice de casting effondrée ! Comment, dans cette logique mercantile, espérer voir des femmes cinquantenaires travailler et jouer à la TV ? Excepté Anny Duperey, qui est presque devenue « la cinquantenaire assermentée du petit écran » à travers des rôles d'héroïnes récurrentes, mères de famille méritantes et débordantes d'énergie [1], il y a peu, voire pas de rôles à la télé écrits pour des femmes de cet âge-là. Résultat d'une production de scénarios soumise à cette idéologie dominante de la jeunesse et de la beauté. Reflet d'une société dans laquelle les femmes de 50 ans n'ont pas d'âge et surtout sont censées ne plus dégager l'effet séduction tant recherché : « Les rôles sont le reflet de la place faite aux femmes, c'est un miroir de la vie, explique Nathalie, comédienne. Non seulement on s'intéresse moins aux femmes qu'aux hommes mais encore moins aux femmes vieillissantes qu'aux jeunes, alors vous voyez ce qui nous reste ! » De moins en moins de rôles et, lorsqu'il y en a, ce sont des rôles en négatif. Ce qui a fini par faire exploser Macha Méril : « Au moment de ma cinquantaine, on s'est mis à me proposer des rôles de femmes entrant dans la tranche de celles qui n'ont plus de sexualité, des mères de famille sur la pente descendante, des femmes amères, des femmes

1. On lira son interview en fin de chapitre.

ayant le cancer, des grand-mères, des femmes victimes. J'ai dit stop ! Il s'agissait de personnages qui correspondaient sans doute à l'image que se font les auteurs qui écrivent sur les femmes de 50 ans, mais qui ne me correspondaient en rien : je ne reconnaissais ni mon vécu ni la réalité des femmes de 50 ans que je vois évoluer en ce moment dans notre société. » Pourquoi une telle vision tronquée de la réalité ? Parce que faute d'avoir des intentions culturelles d'exploration et d'investigation du corps social, les grandes chaînes nationales, à commencer par la télé publique, sont le reflet de l'omerta qui règne sur la question du vieillissement. Et le reflet du préjugé selon lequel une femme de 50 ans est « hors course », balayée du rayon « séduction ». Or, on ne fait pas d'audimat en s'emparant de thèmes « télévisuellement incorrects » ! Enfin, c'est ce qu'ils croient ! Cette éviction de toute une catégorie de la population, de toute une partie de ce qui fait la vie, participe à cet appauvrissement de la production audiovisuelle[1] qui fut dénoncée lors des états généraux de la création audiovisuelle en ces termes : « La mission du service public d'informer, de cultiver et de distraire est en grande partie bradée au profit d'une logique mercantile. » C'est bien cette logique mercantile qui soumet entre autres l'image de la femme aux diktats que l'on connaît.

1. Réunis le 20 mars 2000 à l'initiative de la Société des auteurs et compositeurs dramatiques, Société civile des auteurs multimédia, syndicats des producteurs indépendants et Union syndicale de la production audiovisuelle.

Et à l'étranger, qu'en est-il ? « Les femmes âgées asiatiques sont des *misfits* », autrement dit des « ratées ». C'est en ces termes peu amènes que Hsiung Ping-chen, de l'Institut d'histoire moderne de l'Académie Sinica de Taipei, présentait sa communication lors d'un symposium sur « l'impact de la globalisation sur les images de la femme âgée » qui eut lieu aux Nations unies en octobre 1999. L'Asie a la réputation de vénérer le grand âge mais, dans la réalité, il est de plus en plus difficile pour les femmes qui vieillissent de se trouver une place dans la société. Elles découvrent qu'elles sont, sur le plan social, des *misfits*, des ratées, disait en substance la déléguée de Taipei. La situation est particulièrement complexe et ambivalente dans cette culture où on continue de révérer la séniorité et d'honorer la mère, mais dont on exclut les femmes vieillissantes. Les tempes grises au féminin ne symbolisent plus le couronnement d'une vie mais sont devenues la marque du début du déclin, le passage d'une vie active et robuste à une vie sombre et sans utilité. Et ce, au moment même où, en Asie comme dans les sociétés occidentales, les femmes mûres sont de plus en plus nombreuses et de plus en plus cultivées. Ces femmes sorties de la jeunesse sont en général mal traitées dans les médias ou pas traitées du tout, en particulier dans la communication publicitaire. Seuls 1 % des films publicitaires montrent une femme mûre et 90 % de ces films sont parlés par un homme qui distille le message d'une voix autoritaire. De la beauté lascive dont le corps nu se révèle sur une photocopieuse, à la femme nue dont les courbes sont celles de la nouvelle voiture x, pas de trace de cheveux gris féminins. Comme en France, elles sont absentes ou tournées en dérision, objets de moquerie dans les émissions, ce qui faisait conclure à la spécialiste de Taipei que les femmes de la maturité subissaient une « élimination symbolique ».

Lors de cette même conférence, Bernadette Van Djick, de la Netherlands Broadcasting Organisation, indiquait qu'en Europe du Nord la population à cheveux grisonnants constituait le segment à la plus forte croissance. « Vous êtes prêt à le croire, signalait-elle, jusqu'au moment où vous allumez la télévision et constatez que ces dizaines de millions de personnes se sont évanouies. » Une étude[1] met en effet en évidence quelques faits révélateurs du peu de poids des femmes et *a fortiori* des femmes âgées à la télévision : sur 370 heures de télévision publique en *prime time* analysées et 10 000 personnes parlant à l'écran, un orateur (présentateur, interviewé ou témoin) sur trois est une femme dans la tranche d'âge 35-50 ans, un sur six entre 50 et 65 ans. Pour ce qui est de la catégorie présentateurs et journalistes, la proportion s'écroulait carrément : pas une seule femme de 50 ans ou plus. Et la spécialiste hollandaise de conclure : « Le processus de "disparition" des femmes à l'écran commence à 35 ans mais la "visibilité déclinante" devient indéniable à l'âge de 50 ans. »

1. Étude réalisée dans les six principaux pays d'Europe du Nord (Norvège, Suède, Finlande, Danemark, Allemagne, Pays-Bas).

Femmes de 50 ans, exclues du champ cinématographique

Le monde du cinéma n'est guère plus tendre avec les comédiennes qui ont la peau moins tendue que celle de leurs petites sœurs. Souvenez-vous de la phrase d'Anne Alvaro dans le film *Le Goût des autres* : « Tu sais ce que c'est qu'une comédienne de 40 ans au chômage ? demande-t-elle à Agnès Jaoui. Un pléonasme ! » Pléonasme en effet, car qui dit 40 ans dit chômage ! Que dire alors des femmes de 50 ans ? Illustration de leur situation, le cas de Bette Davis, star américaine de premier plan, qui se retrouva sans travail à 50 ans et qui décida un jour de passer une annonce dans les journaux : « Ex-star, cherche job ! » Pour les comédiennes, le temps est une vraie menace. Passé le cap de la quarantaine, elles tombent peu à peu dans l'oubli. Au soir du palmarès de Cannes 1999, alors que les jeunes beautés du cinéma rivalisaient de bonheur et de fraîcheur, il y eut soudain ce cri du cœur lancé devant la caméra par Geraldine Chaplin : « Tout mon passé, je l'effacerais volontiers. C'est maintenant que je veux travailler. Il y a tellement peu de rôles pour les comédiennes qui vieillissent. Je peux faire n'importe quoi, une chaise, un poteau. Mais je veux travailler[1] ! » Il faut entendre les réflexions des producteurs devant les photos de comédiennes atteintes par la limite d'âge pour y croire : « Tapée,

1. *Le Nouveau cinéma,* février 2000.

has been, ta fille, elle fait plus un strapontin, pas bandante ! » Comme à la télé, la femme au cinéma doit correspondre au fantasme masculin sexuel, celui des producteurs. Or le problème est aussi celui d'un rapport de force entre les metteurs en scène – ceux qui ont le talent et les idées – et les producteurs, ceux qui ont l'argent. Il faut toute l'expérience et la notoriété d'un Resnais, d'un Almodovar, pour imposer le casting de leur choix. Comment résister au pouvoir des producteurs quand on est un jeune metteur en scène qui ne demande qu'à faire son film ? Or actuellement, en France, 60 % de la production est le fait de jeunes metteurs en scène qui en sont à leur premier ou second film. Ils sont prêts à renoncer à leur propre distribution pour obtenir le financement tant attendu de leur projet et puis, ils écrivent des scénarios à leur image. Jeune. Résultat : c'est toute une génération de comédiennes qui sont sacrifiées sur l'autel du cinéma-marketing. Combien sont-elles à encore fréquenter les studios et plateaux de cinéma ? Nathalie Baye reconnaît avoir « professionnellement vécu quelque chose de très dur et avoir connu un passage à vide[1] ». Elle ne doit son retour qu'au succès inespéré de *Vénus Beauté* pour lequel la réalisatrice Tonie Marshall a d'ailleurs eu tant de mal à trouver un financement. Mais pour une Nathalie Baye rescapée, une Fanny Ardant, une Isabelle Huppert et une Carole Bouquet qui vont bientôt arriver au cap fatidique, combien d'autres

1. *Idem.*

sur le carreau ? Où sont passées Marlène Jobert, Aurore Clément, Marie-France Pisier, Brigitte Fossey, Caroline Cellier, Clémentine Célarié, Victoria Abril, Marthe Keller, Marie-José Nat, Mireille Darc, Dominique Lavanant, Charlotte Rampling ? Apparitions au compte-gouttes, reconversion vers le théâtre, la réalisation. Les unes chantent, les autres écrivent. Mais, silence moteur, pas question d'avouer publiquement son âge, on se contente de se confier à son agent. À l'exception de quelques-unes, presque toutes les actrices qui ont la cinquantaine refusent de dire leur âge pour tenir tant qu'elles le pourront, avant la barre fatidique des 50 ans, avant de glisser du côté des grand-mères et d'y être cataloguées définitivement tant les metteurs en scène manquent d'imagination. Alors, règle d'or : ne pas en parler. Et qui pourrait donc leur en tenir rigueur ? Nicole Garcia – qui pourtant est l'une des rares à tourner – fait répondre par son agent qu'elle n'est pas intéressée par une interview sur ce thème, Miou Miou a d'autres chats à fouetter et même Tonie Marshall, pourtant heureuse réalisatrice d'un film sur ce thème, reste sourde à notre demande. Seules Anny Duperey et Macha Méril accepteront de dire tout haut ce qu'elles ont sur le cœur. Quant à Brigitte Rouan, actrice et réalisatrice du *Post coïtum, animal triste* qui mettait en scène les amours malheureuses d'une femme d'âge mûr avec un bellâtre de 20 ans, elle répond avec beaucoup de nervosité... Extrait de dialogue :

– Ah non, ras-le-bol, vous n'allez pas vous aussi me demander ce que ça me fait de vieillir, ben oui, voilà, j'ai la peau qui flétrit, je suis moins photogénique... Ça vous va ? Mais quand donc les journalistes arrêteront-ils de nous poser à toutes les mêmes questions ? Allez donc aussi la poser aux hommes, ça, on ne le fait jamais... Faut arrêter un peu...

– Vous m'avez mal comprise : ce n'est pas à la qualité de votre peau que j'en voulais, il est juste question de comprendre avec vous les raisons qui font qu'on n'écrit pas de rôles pour les femmes de 50 ans, qu'on ne fait plus jouer des comédiennes de 50 ans, voilà...

(Elle se calme.) – C'est comme ça, à 50 ans, il faut arrêter de tourner. Il faut savoir, quand on démarre dans ce métier, qu'il faudra s'arrêter un jour. Le cœur du sujet, c'est notre tronche, alors une tronche qui vieillit au cinéma, c'est moche. À moins d'être Catherine Deneuve, à moins d'avoir le pouvoir de ne pas tourner avant 3 heures de l'après-midi pour être sûr d'avoir une tête potable, de ne pas se laisser prendre en gros plan, de se faire éclairer pendant des heures... Imaginez un peu de tourner en DVD [1] avec une star, et vous verrez ! C'est comme ça, c'est à nous de négocier le virage. Vous ne vous êtes jamais demandé pourquoi tant de comédiennes passaient derrière la caméra et se mettaient à réaliser aux alentours de la cinquantaine, bonne question, hein ?

1. Technique de prise de vue légère qui consiste à substituer des cassettes au support film, donc à réduire le budget pellicule. On tourne plus vite pour moins cher, caméra à l'épaule, en équipe réduite et en lumière naturelle.

Bonne question en effet. Il n'y a guère que Catherine Deneuve qui soit arrivée à traverser le cap sans interruption de carrière. Mais non sans en éprouver quelque écorchure au passage. Lors d'une interview dans *L'Express*[1] sur son personnage de Marie, prof de philo homosexuelle dans le film *Les Voleurs* d'André Téchiné, l'actrice expliquait combien il était difficile de vieillir pour une actrice. À la question : « Y a-t-il des images de vous que vous avez du mal à admettre tout en sachant qu'elles sont bénéfiques pour le film ? » Catherine Deneuve répondait : « J'ai été très éprouvée par la vision de quelques scènes. Si j'avais quinze ans de moins, je me sentirais moins fragile. On sait combien il est difficile pour une femme de vieillir. Combien plus pour une actrice ! (...) Un homme marqué, on lui trouve du charme. Une femme, on la trouve pathétique. Vieillir au cinéma est par ailleurs très cruel à cause des films anciens que la télévision rediffuse. Le théâtre est moins féroce. Mais je ne vais tout de même pas aller au théâtre comme on va à l'hospice, pour faire une fin. » Alors les comédiennes vieillissantes luttent à coups de lifting, de collagène, histoire de « gagner quelques années », elles luttent aussi pour ne pas prendre de graisse. « Parce que ça, au cinéma, ça ne passe vraiment pas, explique un agent artistique. Si l'on veut tricher au cinéma, il n'y a que la chirurgie esthétique et encore elles ne gagneront que quelques années. Rien ne sert d'essayer de faire jeune à coup de maquillages,

1. 8 août 1996.

vêtements ou autre chose. Ça non plus, ça ne pardonne pas, parce que justement ce qu'attendent les réalisateurs qui font tourner des femmes d'âge mûr, ce sont des visages vrais, dans toute leur vérité. »

Et pourtant, quoi qu'ils en disent, la maturité ne fait pas forcément fuir les spectateurs. Voir le succès des films comme *La Route de Madison*, histoire d'amour de la maturité entre Meryl Streep et Clint Eastwood, *Le Festin de Babette*, générosité culinaire d'une femme mûre interprétée par Stéphane Audran, *Le Goût des autres* et l'amertume d'une comédienne de 40 ans qu'incarnait Anne Alvaro, *Vénus Beauté* et le désarroi d'une femme seule se voyant vieillir sous les traits de Nathalie Baye, *Tout sur ma mère* avec la magnifique Marisa Paredes, *Faces* le film de Cassavetes qui mettait en scène Gena Rowlands dans le rôle d'une comédienne en pleine débâcle face à son vieillissement. Comme quoi, les décideurs n'ont pas toujours raison de croire que la seule valeur marchande en ce pays soit la valeur « jeunesse ». Les spectateurs aiment aussi retrouver leur vraie vie sur un écran. Et l'âge, le vieillissement en font partie. Mais il est vrai qu'il faut aussi avoir envie d'écrire pour la maturité, de la fixer sur la pellicule, de saisir toutes les fêlures et l'émotion de cet âge. Il faut avoir envie d'oser affronter ce préjugé selon lequel une femme n'est belle que lorsqu'elle est jeune. Que de profondeur et de moments de vérité gâchés ! C'est Simone Signoret qui disait à la fin de sa vie : « Les scènes d'amour, qu'est-ce que je les dirais bien aujourd'hui ! » Ce culte du jeunisme gangrène la création.

Nouvelle preuve à l'appui, ce dialogue : « Et pourquoi pas un festival sur le thème du vieillissement au cinéma ? » avons-nous demandé à Jacky Buet, créatrice du festival des Films de femmes à Créteil, qui se bat depuis des années pour faire vivre cet événement culturel. Elle éclate de rire : « Mais vous n'y pensez pas ! Si vous saviez déjà à quel point nous sommes marginalisées parce que nous nous occupons des femmes, alors si, en plus, on s'intéressait aux femmes vieillissantes, ce serait notre mort assurée ! » « Et puis, ajoute-t-elle, peu de femmes cinéastes se risquent à traiter le vieillissement au cinéma. Seules les Nordiques osent, sans doute parce que les idées féministes ont fait là-bas plus de chemin qu'en France. »

Alors, certaines se révoltent, comme Macha Méril en France qui a créé en 1997 les Cinquantièmes Jubilantes avec Anna Karina et Bernadette Lafont pour lutter contre cet ostracisme de l'âge. « Je me suis senti un devoir de parole, explique-t-elle. Le fait d'afficher mon âge est devenu presque un combat politique, disons plutôt "idéologique". Les femmes connues qui m'ont rejointe dans mon association sont celles qui n'avaient pas peur de dire leur âge. Elles ont osé. Ce sont toutes des filles de la Nouvelle Vague, des filles qui ont une vraie personnalité et pas seulement liée à leur physique. » Mais n'y avait-il pas un risque de « plomber » sa carrière en affichant ainsi son âge ? « Le problème était réel, répond Macha Méril. J'y ai réfléchi bien sûr et j'ai longuement hésité. Le fait de dévoiler mon âge aurait pu être catastrophique, je pouvais me marginaliser. Eh bien, c'est tout le contraire qui s'est produit. Ça m'a située, positionnée. Par exemple, des photographes ont eu envie de me photographier. On ne sait pas photographier les femmes de 50 ans ! Il faut lutter contre cet ostracisme vis-à-vis de l'âge qui est engendré par le pouvoir masculin ! Parce que ce sont encore les hommes qui écrivent, qui décident et qui obéissent à leurs fantasmes masculins de jeunesse/beauté. C'est pourquoi je suis tellement favorable à la parité. Je suis sûre que dès lors qu'il y aura plus de femmes patrons de chaînes, productrices, les femmes auront plus de chances d'être représentées dans leur réalité et leur diversité. C'est pourquoi la bataille des femmes de 50 ans passe aussi par la bataille pour la parité. Si on n'y va pas au forceps, on n'arrivera à rien[1] ! » On voudrait tant la croire !

Pas de rôle, pas d'image, pas de représentation ou alors sous une forme négative ! Essayez donc d'avoir une bonne image de vous après cela, de porter fièrement vos 50 ans au nez et à la barbe de la société ! Non seulement les femmes ne s'identifient pas à leur âge réel, mais elles ne se reconnaissent pas non plus dans cette femme qu'on exclut pour cause d'atteinte de la limite d'âge. Ce ne sont pourtant pas les exemples vivants qui manquent autour d'elles pour se voir telles qu'elles sont. Elles voient leurs copines, leurs amies, pleines d'énergie

1. C'est un combat que mènent les Américaines à travers le réseau *Women in Film.*

même si elles accusent par-ci par-là quelque fatigue. Mais ce qui fait défaut, c'est cette représentation sociale et culturelle, avec toute la force symbolique que celle-ci pourrait avoir dans la reconnaissance de cet âge. « Le problème est qu'il n'y a pas de modèle référent de cet âge-là, les femmes de 50 ans n'ont pas de modèle de leur âge auquel s'identifier », dit Frédéric Loeb, consultant en innovation. Alors, quand on les questionne sur l'image qu'elles ont de la femme de 50 ans, ce sont de vieux stéréotypes qui réapparaissent, prouvant la force de l'intériorisation d'images pourtant archaïques.

50 ans, un chiffre repoussoir

Cinquante ans, un chiffre imprononçable tant il est impossible de se reconnaître, de s'identifier au contenu dont il est encore – toujours – chargé ; 50 ans, un âge qui, dans l'imaginaire collectif des cinquantenaires d'aujourd'hui, renvoie à des réalités qui leur demeurent étrangères, extérieures à elles-mêmes. Mission quasi impossible pour cette génération, qui se vit encore sous le signe de la jeunesse éternelle, de se voir ainsi poussée sur la voie du déclin. Un chiffre trop dur, trop lourd, trop plombé et plombant pour pouvoir même être mis en bouche. C'est tout leur être qui dit non. Michèle, qui vient tout juste de passer le cap, avoue ne pouvoir ni le dire ni l'écrire : « Je me suis surprise à avoir un mal fou à inscrire mon âge sur la fiche administrative que je devais remplir : 50 ans, moi ?

Non, ce n'était pas moi, c'était un chiffre qui m'était parfaitement incongru, étranger, comme s'il était impossible qu'il m'atteignît un jour ! Moi qui me vis encore comme une femme jeune, avec des fous rires de jeune, des élans de jeune, des folies de jeune, des refus et des indisciplines de jeune. » Institutrice pour enfants handicapés, mère de deux grands enfants, elle se définit volontiers comme une « baba cool ». Éternelle baba cool qui sait bien sûr être adulte quand il le faut, mais qui revendique, pour mener sa vie, un hédonisme hérité de ses années « jeunesse ».

Les mêmes mots reviennent : avoir 50 ans, c'est être une dame respectable, sage, une grande personne, une adulte, voire même, pour certaines, une image de masculinité. Autrement dit, un âge désexualisé, triste, sérieux... Lisez plutôt ce petit échantillon des images d'Épinal que nous avons tirées des mots (maux) de nos femmes interviewées :

• Michèle : « Pour moi la femme de 50 ans, c'est la femme aux cheveux violets avec son petit sac sur les genoux, c'est quelqu'un d'assis, de positionné dans la vie, image de la femme rangée, qui n'a plus le droit au délire, tout ce que je ne suis pas et ne veux pas être. Je pique des fous rires comme une gamine, je me dis : "Tiens-toi sage, il faudrait que tu songes à changer" et puis finalement, je me dis : "Tant pis, je m'en fiche, je reste ce que je suis !" »

• Martine : « Moi, l'image m'évoque l'idée que j'avais des gens âgés lorsque j'étais jeune. Je vois même l'image d'un homme arrivé dans la vie, distant, froid, sérieux... »

• Rosa : « Pour moi, avoir 50 ans c'est être une dame, or je me sens tout sauf une dame. Je me sens l'âge d'une midinette, prête à faire toutes les niaiseries, à repartir pour une histoire d'amour. »

• Annie : « Depuis que j'ai 50 ans, je me dis qu'il faudrait que je fasse comme si j'étais une grande personne, alors que je me sens comme une môme, disons une éternelle étudiante. »

Résultat : un énorme malentendu entre une représentation sociale et un vécu personnel, le sentiment d'appartenir à un drôle d'âge, ni jeune ni vieux, sorte d'indéfinissable « entre-deux ». Pis encore, l'impossibilité de se représenter « vieillissante ». Elles ont beau constater les stigmates physiques de leur vieillissement, elles ne se « représentent » pas comme une femme de 50 ans. Elle se sentent toujours jeunes même si elles constatent que leur corps accuse des signes de relâchement. Ainsi David Elia écrit-il[1] : « Davantage que le vécu des symptômes de la ménopause, c'est l'image de la femme vieillissante qui paraît si intolérable aux femmes atteignant 50 ans. Si elles n'avaient pas à subir tant de sexisme dans cette répulsion généralisée de notre société vis-à-vis de leur statut de femmes mûres, elles souffriraient moins. »

1. *Op. cit.*

Femmes sous contrôle

Il n'empêche que ce malentendu entre soi et les autres n'est pas facile à gérer. Il en résulte ce besoin qu'elles sentent toutes de se contrôler : « Le plus gros effet de l'âge, c'est le contrôle, dit Élise. Je me dis : "Il ne faut plus que je fasse ceci ou cela, il faut que je contrôle toutes mes habitudes avec tout le monde et avec les hommes en particulier." La difficulté, c'est qu'on me donne tel âge, mais moi je ne le sens pas pareil et j'oublie. Je suis obligée de jouer à la femme de mon âge, l'âge de ma carte d'identité. Je n'aimerais pas projeter l'image d'une vieille coquette, ce serait ridicule. En fait, j'intériorise une norme, celle de ne pas être une vieille folle. Il faut donc faire attention en permanence aux vieilles habitudes. » Chloé, prof d'espagnol dans un lycée de la banlieue lyonnaise, se sent si jeune qu'elle en vient à se méfier d'elle-même. « J'ai tellement peur du ridicule dans ma façon d'être et de m'habiller, que j'ai demandé à ma fille de 22 ans de me surveiller. Je lui ai fait promettre de me prévenir si elle trouvait que j'en faisais trop et que je dépassais les limites de la bienséance. Du coup, je trouve que je n'ai plus d'identité : je ne suis plus une jeune fille et pas une dame, je suis au milieu. » Envie de faire comme elles ont toujours fait, d'être folles et sages à la fois, et sensation diffuse de devoir se censurer. Un sentiment que Madeleine Gueydan analyse comme une « impression de dépersonnalisation [1] », « une impression de scission où les femmes se sentent à la fois jeunes et vieilles, qui alternent comportement hypomane [2] et comportement dépressif ».

Alors, elles pataugent entre des élans qui les maintiennent du côté de la jeunesse et des représentations qui les tirent vers la vieillesse : « Il y a des fois où j'ai l'impression que je veux tellement faire jeune que j'en fais trop ; alors je me dis : "Mais arrête, t'es ridicule", dit Chloé. Au lycée par exemple, j'ai créé le club salsa, il marche du tonnerre, quand je me mets à danser, même si je sais que je danse très bien, souvent mieux que mes élèves, je me dis : "Arrête, de quoi as-tu l'air, tu danseras chez toi", j'ai trop peur de susciter chez mes élèves cette pitié condescendante, trop peur qu'ils disent : "Elle en fait trop la prof." Ou alors, je me laisse aller et je me dis "Et merde", et c'est comme ça qu'un jour, en cours, alors que je chantais en espagnol sur un disque et que je les encourageais à faire de même, j'ai entendu un élève qui s'est penché vers son copain et qui lui a dit : "Elle est chiée, la prof !" J'étais à la fois contente et, en même temps, je percevais dans ce jugement comme une menace temporelle : aujourd'hui passe encore, mais demain... ? »

Isabelle ne pense même pas qu'elle peut être ridicule quand elle se met à jouer au foot avec les fils de son amie. Elle joue, court, tape dans le ballon,

1. *Op. cit.*
2. L'hypomanie est un état d'exaltation.

s'amuse comme une petite folle, elle, la cinquantenaire, avec ces deux grands gaillards de 20 ans. Et puis, tout d'un coup, elle s'arrête et se dit : « Mais je dois avoir l'air d'une folle, ce n'est plus de ton âge, ma cocotte... et pourtant, ce sont eux qui me demandent de venir jouer avec eux, ce sont eux qui me sollicitent, donc, c'est bien qu'ils le conçoivent comme possible ! » Sa fille l'exhorte à monter sur des rollers : « Mais écoute Noémie, ce n'est plus de mon âge, et puis j'ai mal au genou, je vais réactiver la douleur de ma tendinite et puis tu te rends compte si je me cassais le col du fémur ! » Tous les vendredis, Véronique et Aline s'en allaient vers la capitale prendre des cours de rock. Au bout d'un an, elles ont arrêté. Dieu sait pourtant si elles dansaient bien, si elles étaient intégrées au groupe et recherchées par lui, au point d'aller danser certains soirs de la semaine dans des clubs de jazz. Pourtant, leur âge a eu raison de leur plaisir. Âge physique ? Non, encore qu'Aline reconnaisse que son arthrose et Véronique son lumbago récurrent, les rappelaient régulièrement à l'ordre. En fait, ce qui leur posait problème, c'était le décalage des générations et le sentiment du ridicule : « Je me regardais dans la glace danser et je me disais : “Mais ma pauvre fille, tu es ridicule” », raconte Aline. Sentiment un peu différent chez Véronique mais tout aussi frustrant : « Danser, c'est provoquer des sensations, alors je me voyais entourée de petits jeunes, tentée, je me sentais comme une vieille conne cherchant l'aventure ! »

Anne, 51 ans, cadre dans une grande entreprise,

divorcée et mère d'une jeune fille de 22 ans, a trouvé le juste mot pour décrire son état de cinquantenaire : « l'âge bête ». Elle nous reçoit dans son appartement parisien. Cheveux blonds coupés au carré, un chat qui ronronne sur ses genoux, une femme de ménage qui prépare les agapes pour les invités du soir. Elle explicite ce drôle d'état dans lequel elle se trouve depuis qu'elle a passé ce cap : « Tu n'es plus jeune et pourtant tu te sens encore jeune. C'est un âge bête. Quand je suis avec ma fille, j'ai l'impression que c'est moi l'étudiante. Au bureau, je vois bien que les femmes de 50 ans n'avouent pas leur âge. Le dire, ça change tout. Ça te fait immédiatement basculer de l'autre côté. Une petite m'a dit : “Mais alors, tu as l'âge de ma mère !” Terrible ! J'ai eu l'impression de vivre mon âge comme une tare. La cohabitation avec des jeunes sur le lieu de travail ne se fait jamais en faveur des aînés dans la mesure où nous sommes dans une société qui ne valorise pas l'expérience. Alors, je fais l'impasse sur mon âge, je me tais, comme si j'étais honteuse. Disons que je fais le gros dos. » Et les choses ne s'arrangent pas avec l'arrivée des petits-enfants.

Devenir grand-mère, voilà encore un cap à passer, une nouvelle image à endosser, un nouveau statut à assumer. « Bien sûr, ce fut un grand bonheur, dit Françoise, comédienne et jeune grand-mère de deux petites-filles. J'ai aimé voir ma fille enceinte. C'était comme un fil qui se transmettait... Mais du jour où je suis devenue grand-mère, cela a été socialement difficile à vivre. On découvre un statut qui vous pousse inexorablement du côté des vieux. Ce sont les autres qui vous lancent : “Alors ça y est, t'es une mamie !” » Il est vrai que le fait d'être grand-mère est une marque temporelle indélébile, d'autant plus difficile à assumer que lesdites grand-mères sont actives et ont besoin de toute leur jeunesse pour continuer à affronter le marché du travail. Catherine, femme active et de pouvoir, fait un blocage : « Le statut de grand-mère ne me plaît pas du tout ! Alors je ne le crie pas sur tous les toits. Ça a une connotation “dévouement”, “retraite de la vie”, poitrine offerte aux souffrances des autres, qui ne me convient pas. C'est une image qui est totalement en contradiction avec mon statut de femme active et dotée d'un certain pouvoir. » Et pas question que ce nouveau cap change quoi que ce soit à la vie d'avant. Pour les femmes actives, l'arrivée en ce monde des enfants de leurs enfants ne change rien au cours de leur vie. Pas question de sacrifier la carrière aux petits-enfants : « J'ai vécu la naissance de mon petit-fils comme une cerise sur le gâteau, dit Françoise, chargée de communication d'un grand groupe de presse, j'ai été réjouie par la joie de mon fils, je suis attendrie par ce petit bonhomme, mais, comment vous dire, je ne suis pas en demande. Ma vie était pleine avant son arrivée, je viens même d'obtenir du galon, ce n'est donc pas lui qui va la remplir, il n'est pas une valeur refuge. C'est un “plus” qui me remplit de bonheur mais qui ne remplit pas ma vie. » Mais pour encombrant qu'il soit, ce bonheur, certaines ne le connaîtront jamais. Celles qui n'ont pas eu d'enfants ne vivront jamais l'expérience du grand-maternage. L'arrivée des petits-enfants chez les amies de leur âge risque alors de réactiver ce deuil de la maternité qu'elles croyaient avoir fait à jamais.

Un contexte aggravant

Mais avant de vivre l'arrivée des petits-enfants, il faut vivre un autre événement : le départ des enfants. Si l'abandon du nid familial par les enfants est un facteur qui contribue à l'exacerbation de la crise des 50 ans, c'est plus par son effet cumulatif que par sa nature propre. Mères ayant un sentiment aigu de l'autonomie, elles ont en général élevé leurs enfants dans ce sens et ne vont donc pas s'en plaindre. Leur départ est difficile à avaler mais « on s'y fait », finissent-elles par dire. N'empêche qu'il faut s'y habituer. Que de larmes versées lorsqu'on découvre pour de bon qu'ils sont « partis ». Chambre vide, maison vide, le grand vide ! Plus de dégringolade dans l'escalier, plus de réveils intempestifs le matin pour qu'ils n'arrivent pas en retard au lycée, plus de désordre dans la maison, plus de cris, plus de musique trop forte, plus de frigos à remplir, plus d'inquiétudes à deux heures du matin quand ils n'étaient toujours pas rentrés. C'est une autre atmosphère qui s'installe dans la maison, plus calme, mais c'est aussi le retrait d'une certaine forme de vie. Les portes ne claquent plus, c'est une autre porte qui se ferme définitivement sur ce que fut, durant vingt ans, la vie de famille. Mais il y a aussi le cas des enfants qui s'éternisent : tout en vivant leur vie ailleurs, ils dorment encore à la maison, la prennent volontiers pour un hôtel. « Ils ne sont plus là tout en étant là quand même. On a envie qu'ils restent tout en ayant envie qu'ils partent. C'est un drôle d'entre-deux », explique Michelle, mère de deux enfants de 21 et 26 ans. C'est le début de la fin d'une vie de mère éducatrice et nourricière. Et ce qui rend encore plus difficile le départ des enfants est que ce moment-là s'inscrit dans une série de deuils à venir. Parce que 50 ans est aussi l'âge du vieillissement et parfois aussi du départ des parents.

La mort des proches et des parents

Les enfants partent, mais c'est un départ relatif. L'éloignement n'est que géographique. L'autre départ, qui touche de plein fouet les cinquantenaires, est celui des proches. Disparition définitive, irréversible. Voilà que des amis proches se mettent à mourir, des amis qui ont votre âge et qui ne meurent pas de mort accidentelle, mais de mort par maladie, par usure, par vieillesse déjà. Voilà les cinquantenaires pour la première fois de leur vie confrontés à l'idée de leur propre mort. Le temps, en leur arrachant des amis, rappelle que la pente menaçante est toute proche. Et que dire de la disparition des parents ! Sans doute la mort des parents est-elle, même pour ceux qui ont connu auparavant la perte d'un être aimé, la première et cruelle expérience de l'extrême solitude, la découverte d'un nouveau statut bien lourd à porter, celui de l'orphelin adulte. Plus personne pour se soucier de vous. Plus personne à qui se référer. Avec la disparition des parents, l'enfant n'est plus. Il n'est plus qu'adulte, inexorablement adulte et parent, s'il a lui-même des enfants. Solitude de l'enfant devenu orphelin qui ne pourra plus jamais se retourner vers papa ni maman. « J'ai perdu en même temps mon père et ma mère, l'année de mes 53 ans, explique Juliette, combien de fois me suis-je surprise à vouloir composer leur numéro de téléphone. C'est affreux, ce sentiment terrible du "plus jamais". Je ne peux plus me confier à eux, plus leur dire mes petits tracas avec les enfants, plus leur demander conseil. À l'arrivée du printemps, ma mère était ma conseillère en jardinage. Elle adorait m'acheter des plantes pour mon jardin. Le dimanche, ils partaient tous les deux dans une jardinerie et me rapportaient des camélias. Ils ne se trompaient pas de couleur, ils m'achetaient des camélias blancs, ma couleur préférée. Alors la première année, quand j'ai acheté moi-même mon camélia blanc, j'ai eu la gorge serrée. Je me sens maintenant comme au bord d'un gouffre laissé par cet incroyable vide de leur mort. C'est terrible. » Il faudra désormais apprendre à vivre les événements familiaux sans eux, accepter de continuer à rire, pleurer, à aimer la vie, sans qu'ils y participent. Aucun conjoint aussi protecteur et bienveillant soit-il ne saurait remplacer le parent parti et soulager la souffrance.

Ne reste alors que la mémoire, lourde à porter, riche à cultiver. Lorsque les parents disparaissent, ce sont les enfants qui deviennent détenteurs du passé, transmetteurs de la mémoire familiale et parentale ! « Mon père était juif, explique Valérie, dont les parents ont traversé la période de la guerre, et c'est à moi désormais qu'il revient de raconter la Shoah, l'étoile jaune, la clandestinité, la peur, à mes enfants. Comme si j'étais d'un coup devenue la seule référence au passé, la mémoire familiale. Et plus personne ne peut vérifier la véracité des faits, je me dis que peut-être je leur fais subir une déformation, je suis désormais leur seul référent. Et puis, ajoute-t-elle, mon père parlait yiddish, je le parle à peine, avec lui disparaît aussi la mémoire d'une langue. C'est une double douleur. »

La disparition des parents signifie l'engloutissement d'une part de la mémoire historique. De la mort des parents, on en réchappe évidemment et l'on en sort parfois plus riche et plus fort qu'avant. Désespéré mais vivant. Expérience unique qui vous confronte à la relation au temps, bien sûr, mais surtout à la relativité des choses, à la fragilité de la vie, à la précarité du bonheur.

Avant la mort, le vieillissement

Mais avant qu'ils ne partent, il y a cette longue prise en charge des parents et le spectacle de leur irrésistible enfoncement dans la vieillesse, « ce naufrage », comme disait de Gaulle. On pense à ce merveilleux personnage du film de David Lynch, Alvin, dans *Une histoire vraie*, qui part sur sa tondeuse à moteur pour retrouver son frère à 500 km de chez lui. Au hasard des rencontres que lui réserve son *road movie*, alors qu'un jeune homme lui demande ce qu'il y a de bon dans la vieillesse, il répond : « Je ne vois pas ce qu'il y a de bon à ne plus voir, ne plus marcher. » Désespérante dégringolade vers la perte de la liberté et de l'autonomie que vient aggraver l'allongement de l'espérance de vie. Ainsi, de plus en plus nombreux sont les cinquantenaires à assister à la grande vieillesse de leurs parents et notamment à cette nouvelle dégradation du siècle qu'est la maladie d'Alzheimer. Avec tout ce que cela comporte de renversement de position. Les enfants deviennent alors les parents de leurs propres parents dans un ultime retournement de tendresse, de prévoyance et de soins. « Combien de fois me suis-je surprise en arrivant à la maison de retraite à me présenter comme étant la mère de ma mère », raconte Joëlle. Atteinte de cette maladie, sa mère n'est plus la même, elle ne reconnaît personne, elle est agressive, dépendante. « Une morte vivante, dit-elle. Ma mère est apparemment toujours la même : elle est toujours élégante, mais ne nous reconnaît plus, ne raisonne plus, ce n'est plus la même. Le vieillissement de mes parents, ça n'était pas prévu dans mon plan de vie. Les enfants m'ont empêchée de dormir, de travailler, mais c'est parce que je l'avais bien voulu ; ce que je vis avec mes parents, ça n'était pas programmé. C'est une catastrophe. Mes enfants sont tirés d'affaire, je me retrouvais enfin avec mon mari, j'avais l'intention de m'occuper enfin de moi, voilà qu'il faut prendre en charge mes parents. »

Dans le cabinet de la gynécologue Joëlle Brunerie, la première plainte qui vient après celle du corps, c'est l'état de délabrement des parents et le poids qu'il fait peser sur les épaules des femmes de 50 ans. « Une femme sur deux me parle de la charge de ses vieux parents, dit la gynécologue. Il me semble que les femmes de 50 ans que je suivais il y a dix ans en parlaient moins. Pour les femmes seules, la charge est terrible. Je pense à cette femme qui passe tous ses week-ends en province pour s'occuper de sa vieille mère. » En un an, Jacqueline cumula, elle, toutes les pertes. La mort de son père, la disparition symbolique de sa mère en tant qu'être pensant agissant, qu'une attaque cérébrale a réduite à un état de totale dépendance, le départ de son fils et l'installation de sa fille avec son amoureux. « Que de caps il m'a fallu passer, que de renoncements il m'a fallu faire en quelques mois, l'année même de mes 50 ans. Je suis allée de déchirement en déchirement. » Mais le plus terrible, c'est celui que lui inflige jour après jour l'état de sa mère : ni morte ni vivante, réanimée à la suite d'un accident cérébral mais pour quoi faire, sauvée par les miracles de la médecine mais pour vivre comment désormais ? Grande victoire du progrès que celle qui maintient en vie coûte que coûte, au prix de tous les non-sens et de toutes les souffrances. Belle victoire que celle de la technique à tout prix dont les baby-boomeurs font la triste expérience avec leurs vieux parents. Mourir n'est rien, mais vieillir dans la dépendance, quelle sale affaire ! « Quand je vais la voir, j'ai honte de la regarder ainsi, honte de la laisser vivre cette vie-là, mais qu'y puis-je ? interroge Jacqueline. Rien. Seulement essayer de continuer avec cette souffrance morale permanente. Je ne peux qu'affronter cette douleur, la dépasser, apprendre à vivre avec. J'apprends ce que signifie être seule, foncièrement seule face à la souffrance morale. » Et elle ajoute que cette expérience du délabrement physique de sa mère la tient dans un état permanent de précarité par rapport au temps.

Damia qui, à 52 ans, vit avec un homme de huit ans son aîné, dit en effet percevoir autrement le temps depuis la mort de ses parents : « Je vis désormais avec un sentiment permanent de précarité. J'ai peur que mon mari ne meure. Avant je n'y pensais pas, maintenant, j'y pense constamment. » Assistant à l'enfoncement dans la dépendance de leurs parents, les baby-boomeurs sont de plus en plus nombreux à prendre conscience de ce qui peut advenir d'une vieillesse qui risque de se dérouler sous le signe de la perte d'autonomie. Ce qui les amène à prendre leurs dispositions pour ne pas avoir à faire vivre à leurs enfants ce qu'eux-mêmes vivent avec leurs propres parents. Ainsi Évelyne dont la mère vit allongée, clouée à son lit comme un légume sans connaissance, sans conscience depuis cinq ans, a-t-elle décidé de rédiger un testament dans lequel elle demande à ne pas être réanimée si elle était victime d'un accident. Certains se mettent en relation avec des associations, telles que l'association Mourir dans la dignité. D'autres enfin, anticipant une possible perte d'autonomie, souscrivent des « assurances dépendance » pour éviter d'éventuelles charges financières à leurs enfants. Mais le contexte affectif n'est pas le seul à rendre difficile cette période de la vie : il y a aussi le contexte professionnel.

Pas de bonus au quotidien

À 50 ans, mieux vaut être en poste qu'au chômage. Si le problème du chômage des plus de 50 ans n'est pas spécifique aux femmes, il ne fait qu'aggraver le tableau. « Quand je vois sur un CV l'âge de 52 ans, je me dis : "Mon Dieu, il est vieux ou elle est vieille", avoue la directrice générale d'un grand groupe de cosmétiques, elle-même âgée de 50 ans. Pour un directeur du marketing, par exemple, 50 ans est un âge absolument fatal. C'est vrai qu'entre une femme de 50 ans, même compétente, et une femme de 30 ans, bourrée de dynamisme, on a le droit d'hésiter. Même ici où je suis la patronne et où tout le monde sait que j'ai la cinquantaine, il y a un racisme anti-vieux. Notre directeur artistique s'est écrié l'autre jour : "Je ne peux tout de même pas demander conseil à des femmes de 50 ans !" Dans la gestion du personnel, je m'interroge souvent sur les femmes et aussi sur les hommes de 50 à 55 ans. Après 55 ans, ils sont sur le départ, on peut les faire partir, ce n'est pas un problème, mais c'est le passage des 50 ans qui est très difficile. »

À 50 ans, mieux vaut être en situation de pouvoir.

Car les jeux sont faits. Les chances de carrière s'amenuisent quand elles ne s'évanouissent pas carrément. « Quand tu ne fais pas partie de la hiérarchie, c'est dur, commente une journaliste de l'AFP. Un PDG à 50 ans, il est jeune. Une journaliste lambda, comme moi, elle est vieille, car elle a moins de chances de carrière devant elle. Ma carrière ne peut plus avancer, notamment parce que je suis une femme, car à l'AFP, de toute façon, il y a moins de place pour les femmes. » Énorme problème que celui du marché de l'emploi qui a plutôt tendance à exclure les cinquantenaires qu'à les conserver alors que leur nombre ne cesse d'augmenter.

Dans l'entreprise, comme dans la société civile, qui dit jeunisme dit dépréciation de la maturité. Bernard Pivot[1] dénonce « ce jeunisme de notre société qui est plus qu'une philosophie de fin de siècle : une méthode. Comme il n'y a pas assez de travail pour tout le monde, il faut bien encourager les vieux, c'est-à-dire les femmes et les hommes qui ont dépassé la cinquantaine, à dételer, de gré (préretraite) ou de force (chômage). Place aux jeunes ! Le culte de la beauté et de la performance, développé, sublimé notamment par la publicité, réunit dans les pays occidentaux plus de fidèles que toutes les religions. Alléluia les jeunes ! Il n'y aurait rien à redire à cela – qui est somme toute très normal – si le jeunisme ne provoquait une dépréciation cruelle et imméritée de la population en fin de carrière avant d'être en fin de vie. Plus on célèbre le renou-

1. *Remontrance à la ménagère de moins de 50 ans*, Plon, 1998.

veau, plus on semble dédaigner, parfois mépriser, le déclin. Tout se passe comme si la promotion des jeunes, l'exaltation de leurs muscles et de leurs vertus, s'appuyait forcément sur une décote, une mésestime, un brutal exil psychologique des anciens qui s'ajoute à leur lent retrait physiologique ». Mais il faut reconnaître que les baby-boomeurs y sont pour quelque chose. Si cette génération n'a pas « inventé » les jeunes, elle a incontestablement tué les vieux, sans imaginer une seconde qu'un jour, ce serait son tour. L'assassinat a commencé avec le vocabulaire. Souvenez-vous : les parents « traités » de « croulants » puis de « vieux » et les vieux n'avaient pas droit à la parole ! Les voilà donc ces cinquantenaires, mis à la porte d'un monde jeune qu'ils ont eux-mêmes contribué à fabriquer, mis en demeure d'inventer désormais un nouvel espace à vivre. Sacré challenge !

Seule exception à la règle de la dévalorisation de l'âge : le pouvoir politique. Car il semble bien que l'âge se dissolve dans ce pouvoir-là. « La femme d'un certain âge a toujours eu sa place en politique, reconnaît Roselyne Bachelot, députée RPR du Maine-et-Loire. Elle représente l'image de la mère du peuple qui abandonne le registre du sex-appeal pour se placer en position de mère de la nation. C'est pourquoi l'âge en politique n'est pas un handicap. » Analyse confirmée par Catherine Génisson, députée PS du Pas-de-Calais, et présidente de l'Observatoire sur la parité : « Pour les femmes politiques, je crois que celles qui arrivent à 50 ans ne se posent aucun problème. Car ce qui balaie tout, c'est le pouvoir. Ce qui m'a frappée en entrant en politique, c'est cette relation au pouvoir tellement irrationnelle qu'ont tous les politiques, hommes et femmes, c'est sans limites. Et il serait faux de prétendre que les femmes politiques n'aiment pas le pouvoir. Elles l'aiment autant que les hommes. » Et puis c'est une question de contexte. Rappelons que la moyenne d'âge en politique est de 56 ans. Alors, à 50 ans, on est encore jeune. La vie politique n'est pas à l'image de la vie réelle.

Le vieillissement, une question politiquement incorrecte

Mais il n'y a pas que les baby-boomeurs qui ont peur de vieillir. La peur s'étend à toute la société. Atteindre 50 ans, c'est prendre conscience que l'irréparable arrive, c'est accomplir un travail de lucidité auquel tout le monde n'est pas prêt. Vieillir n'est pas que l'affaire des « vieux », c'est l'affaire de tout un chacun. Mais personne ne veut y songer, car le vieillissement dans notre société est une question politiquement incorrecte. Voilà aussi où le bât blesse. « Plus encore que ne pas se regarder mourir, la société ne veut pas se regarder changer, elle ne veut pas se regarder vieillir, explique Michèle Lachowsky. Comment exorciser notre grande peur, celle d'une longévité dépourvue de sens, si elle n'est que la triste et lente chronique d'une “apoptose” (mort cellulaire) annoncée ! Car n'est-ce pas ainsi que nos contemporains se représentent l'âge et surtout le grand âge[1] ? »

Comme le dit Mike Burke, directeur de recherche au CCA[2] : « La peur du vieillissement est le symptôme d'une société en insécurité. » Analyse confirmée par l'équipe de la Fondation nationale de gérontologie qui travaille sous la direction du professeur Françoise Forette : « Le dernier tabou de notre société n'est plus le sexe mais la mort, explique Jacqueline Gaussens. Il faut se battre pour changer le regard que porte la société sur le vieillissement, faire découvrir aux enfants que grandir, c'est vieillir, et que vieillir, c'est grandir. »

Le tabou est bel et bien là : il s'applique au processus de vieillissement dans son ensemble et se cristallise sur ce moment crucial du basculement qu'est la cinquantaine des femmes. Question politiquement incorrecte dans une société qui ne veut entendre parler que du bonheur. Comme si la vie ne devait être que du bonheur et rien d'autre, reléguant tout le reste au monde du silence. Comme si la vie n'était pas aussi et d'abord cette longue aventure humaine qui passe par la souffrance, la maladie, le deuil et la mort. Comme le dit Pascal Bruckner[3] : « C'est ainsi que cette société du plaisir et de la libido a pu être décrite comme une société pro-

---

1. « Qui a peur de la ménopause », in *Femmes, médecins et ménopause*, *op. cit.*

2. CCA, Centre de communication avancée, société de recherche sociologique.

3. *Elle*, 3 avril 2000, déjà cité.

fondément inhumaine. On est voué à souffrir seul sans savoir que faire de ce paquet de laideur ou de malheur. » Car c'est aussi cela la vie. Ne pas le reconnaître, vouloir l'ignorer, c'est s'amputer de toute la grandeur et la richesse de ce qui fait notre « humanité ». Les femmes de 50 ans voudront-elles faire ce pari philosophique ?

Il est une femme en tout cas qui fait le pari de l'honnêteté : c'est la comédienne Anny Duperey, qui dit toute la difficulté qu'il y a pour une comédienne à vieillir et devoir en permanence donner le change. Voici l'interview exclusive qu'elle nous a accordée.

– Que pensez-vous d'un livre sur les cinquantenaires ?

– J'ai envie de dire « enfin », car il y a une telle omerta sur cet âge ! Mais j'ai aussi envie d'ajouter : croyez-vous que cela va changer quelque chose ? Enfin, essayons toujours ! Si, en parlant de nos rides, on pouvait arriver à les faire accepter, ce serait déjà ça ! C'est comme la fatigue, on la tait. C'est une honte d'être fatiguée, il faut toujours avoir l'air en forme. Nous avons un tel devoir de jeunesse que pouvoir enfin dénoncer tout ça, finalement, c'est bien !

– Il arrive qu'on vous demande votre âge ?

– Non, personne n'ose jamais en parler et personne n'ose me le demander, mais quand je sens que la conversation est sur une pente glissante, je le lance à la cantonade et je dis : « Mais vous savez, j'ai 50 ans. » À ce moment-là, silence gêné dans l'assistance, comme s'il fallait minimiser l'outrecuidance de la révélation : « Oh mais non, pas déjà, mais non ce n'est pas possible ! – Mais si, mais si, puisque je vous le dis, je le sais quand même mieux que vous ! » Et puis un ange passe... Les gens préfèrent le flou et la brume plutôt que la vérité. Parce que la vérité, ça fait peur.

– Comment expliquez-vous l'omerta, comme vous dites, sur cet âge ?

– Justement parce que ça fait peur. Disons-le tout net, ce n'est pas le pied d'avoir 50 ans et de vieillir ! Dites-moi ce qu'on y gagne ? Qu'est-ce qu'il y a de valorisant à avoir deux petites glandes qui s'arrêtent de fonctionner, à sortir de la séduction, à perdre son énergie ? Il y a tout ce qui s'affaisse, sans compter la prise de poids. Les cinq à six kilos que notre corps prend, il ne veut pas les perdre. Et puis, il y a un vrai problème de fatigue, un épuisement fondamental. Alors, où est l'avantage de vieillir ? Ça me fait penser à Madeleine Renaud qui avait vertement envoyé sur les roses un journaliste qui lui demandait de parler des avantages de l'âge. Elle lui avait répondu : « Mais quel est l'imbécile qui pourrait dire : “Oh mais comme elle est jolie, cette nouvelle petite ride sur mon visage” ? »

– Comment vivez-vous votre âge dans votre métier ?

– Quand je tourne pour la télévision, je sens une pression incroyable pour paraître au meilleur de moi-même. Mais à ce moment-là, je suis un mensonge vivant. Parce que, franchement, quelle est la femme de 50 ans qui pourrait se reconnaître dans les personnages que j'incarne à l'écran, qui assurent sur tous les fronts, qui pètent de vie, mènent tout dans la joie, la bonne humeur et ont une énergie débordante et sans faille ? C'est un leurre ! Il y a de quoi complexer toutes les femmes de 50 ans. Mais croyez-moi, quand je sors de ce genre de tournage, je suis littéralement épuisée ! Parce que, dans la vie, je n'ai pas du tout cette énergie, il me faut au moins deux siestes par jour. Je vais vous raconter un rêve que j'ai fait après être sortie un jour défigurée de fatigue d'un tournage. J'étais tellement fatiguée d'avoir eu l'air de... toute la journée, que j'ai rêvé qu'il y avait une couche de mon visage qui s'en allait et puis une deuxième couche. Je ressentais un réel soulagement et je me disais : "Je suis bien, je n'ai plus d'expression" et puis encore des couches qui se décollaient... Je me suis réveillée avec cette phrase : "J'ai encore moins d'expression que pas d'expression..." C'était le ras-le-bol d'avoir dû donner le change toute la journée !

– Que ressentez-vous lorsque vous assistez à des manifestations comme la remise des Molière ?

– Je lis la peur derrière les masques... On dirait que même le dos est coincé pour retenir les fesses hautes. Mais après tout, moi aussi, je me mets sur mon trente et un, alors peut-être que moi aussi j'ai l'air empaillée ! Cela dit, j'évite tant que je peux ce genre de manifestations !

– Les comédiens hommes sont-ils plus tranquilles que les femmes par rapport à l'âge ?

– Pour les hommes en général, je crois que le vrai tournant est à 60 ans. À 50 ans, les rides leur vont mieux qu'à nous, elles sont mieux admises et ils sont encore à l'âge de la séduction. Cela dit, eux aussi ont peur de l'âge, mais la grande différence, c'est qu'ils en parlent encore moins que nous ! Et pour les comédiens, le problème de l'âge se pose aussi beaucoup moins que pour nous. Ils ont de toute façon et à tous les âges beaucoup plus de rôles ! On écrit plus pour eux que pour nous. La télé est le reflet de la société, elle est le reflet de l'omerta sur les femmes vieillissantes !

– Comment vous sentez-vous aujourd'hui dans votre âge ?

– Je vis depuis sept ans avec un homme de 36 ans qui m'aime dans mon âge, c'est très sécurisant. Mais ça ne va pas non plus sans quelque question sur l'après. Et après justement ? Vais-je continuer à vouloir être dans la course à tout prix, vais-je tout abandonner ? Comme j'ai la chance d'avoir un deuxième métier qui est l'écriture, je crois que je chercherai un moyen terme, une sorte d'équilibre.

Équilibre aussi entre la vie citadine et la vie naturelle à la campagne. Avant je sautais avec plaisir d'un monde à l'autre, la course et la pause me procuraient la même griserie. Aujourd'hui, je remarque que j'éprouve de moins en moins de griserie à retrouver la vie citadine. Comme une envie de trouver un autre rythme. D'ailleurs, lorsque je marche dans ma campagne, j'ai toujours les mains derrière le dos. Ce n'est pas un pas juvénile !

– *Que pensez-vous du recours à la chirurgie esthétique ?*

– Nous y passons toutes. Moi, je me suis fait réduire les rides sous les yeux. Quand ça rééquilibre le visage, c'est très bien. Je trouve ça tout à fait légitime à condition que ce ne soit pas fait pour céder à cette dictature absolue de la jeunesse. Cela dit, on ne sait pas soi-même jusqu'à quel point on ne triche pas !

– *Et cette fameuse sérénité qui serait l'avantage de l'âge, vous ne la ressentez pas ?*

– Quel leurre ! Moi, franchement, je ne connais pas de vieux sereins ! Je voudrais juste qu'on considère cet âge comme un âge normal, différent des autres, et qu'on le dise. Un âge de transition, donc difficile, comme le sont toutes les transitions. Un âge où on ne veut pas perdre ce qu'on a et où on ne sait pas ce qu'on va y gagner, si tant est qu'il y ait quelque chose à gagner.

5.
Le remaniement

Autant le dire : aucune femme ne sort indemne de cette expérience de la ménopause et de la cinquantaine qui touche si profondément l'univers de sa féminité. Devant accepter d'abandonner l'image de sa jeunesse passée, elle sera obligée d'opérer les transformations nécessaires. Hélène Deutsch, première psychanalyste à s'être intéressée au phénomène de la ménopause[1], explique que « quelque influence que les changements de l'activité hormonale puissent exercer sur tout le tableau psychologique, il est hors de doute que la maîtrise des réactions psychologiques lors du déclin organique est l'une des tâches les plus difficiles de la vie de la femme ».

---

1. *La Psychologie des femmes*, PUF.

La confrontation

Moment de déstructuration et de reconstruction qui constitue bel et bien un véritable travail de deuil. Toutes les stratégies de lutte que mettent en œuvre les femmes de 50 ans face à la perte d'une certaine image de soi présentent des analogies avec le travail de mort, tel qu'il est décrit dans l'*Ars moriendi*[1] ou dans les travaux d'Elisabeth Kübler-Ross :

– le doute, la dénégation qui correspondent au déni,

– le désespoir, qui trouve des correspondances dans la dépression voire dans l'anticipation, ce désespoir dont parle si bien Cioran : « Se déshonore quiconque meurt escorté des espoirs qui l'ont fait vivre »,

– l'impatience et la colère,

– l'orgueil, « J'ai fait face, je suis la plus forte »,

– la paix, l'abandon, la métamorphose.

Il n'y a pas de commune mesure entre mourir et vieillir mais il y a à l'évidence une commune nature... Plusieurs cas de figure se dessinent alors. Ou bien les femmes nient, ou bien elles luttent, ou bien elles rangent les armes mais, de toute façon, il leur faudra négocier ce grand tournant de leur vie où se profile le spectre de leur vieillissement.

---

1. Cité dans *L'Art de mourir,* Marie de Hennegel, Robert Laffont, 1997.

Le déni

Il y a d'abord celles – rares, au demeurant, parmi les femmes que nous avons interviewées – qui dénient en voulant ignorer la réalité. Elles ne nient pas forcément les marques du temps, mais elles nient l'impact que ces marques peuvent avoir sur leur psychisme. Elles minimisent, quand elles ne les contestent pas carrément, les conséquences du fait même de vieillir. Et l'emploi de la négation quand elles parlent de leur état est tout à fait révélateur de leur déni : « Je ne me suis jamais sentie aussi jeune », dit l'une, « Je ne me sens pas vieille du tout », dit l'autre, « La cinquantaine ne change absolument rien pour moi », dit enfin la troisième... Loin de nous le désir d'imposer aux femmes de la cinquantaine un comportement monolithique. Il est bien sûr tout à fait légitime que les femmes concernées ne ressentent pas toutes ce passage de manière identique. Les unes le vivront forcément de manière plus légère que d'autres. Mais le fait de nier l'existence même du passage relève d'autre chose que de la subjectivité. Il relève d'une incapacité à reconnaître et à accepter la réalité, autrement dit du « refoulement ». Exemple révélateur de ce déni, l'anecdote suivante rapportée par Elsa : « Alors que j'étais au théâtre avec un groupe d'amis, mon amie Catherine me présente une très jolie femme, brune, cheveux coupés au carré, très joliment maquillée, élégamment vêtue d'un tailleur pantalon impeccablement coupé. Bref, une femme qui “en jetait”, comme on dit. Voyant que je tenais un livre dans la main, elle me demande le titre du livre. Je lui réponds que c’est un livre sur la ménopause, parce que, vous comprenez, je vais avoir 50 ans, l’âge me travaille, etc. Alors que je ne lui demandais rien, là voilà qui se met, elle aussi, à me parler de ses 50 ans passés – elle en avait 52. “Franchement ça ne m’a rien fait du tout, moi, je ne les ai pas vus passer, ça n’a rien changé dans ma vie, je me sens toujours aussi jeune...” Bref, j’étais très impressionnée par une telle assurance. Mais, lorsque nous nous sommes quittées, Catherine qui la connaît bien et qui avait entendu ses propos vint vers moi en rigolant et me dit : “Tu parles que ça ne lui a rien fait. Pendant deux ans au moins, elle nous a ennuyées avec ses 50 ans ! Et depuis deux ans, elle passe son temps dans les instituts de beauté et elle va quatre fois par semaine dans une salle de gym, alors faut pas nous la faire !” » « Il faut savoir interpréter les dénégations, explique la psychanalyste Marie-Christine Laznik ; quand une femme affirme : “Ça ne me gêne pas de vieillir...”, en fait, il faut supprimer la négation. Reste l’affirmation : “Ça me gêne.” C’est ce qu’on n’ose pas se dire à soi-même. C’est de la dénégation, ce que Freud appelait *die Verneininung.* »

Il y a cette autre catégorie de femmes qui, elles, nient à la fois l’impact psychologique et l’impact physique du vieillissement : alors, pour ces femmes-là, pas question d’être en retard d’une mode. *Fashion victims*, elles jouent plus que jamais la carte de la modernité. Et c’est ainsi qu’on les voit aux vernissages, aux premières, affublées de tennis, de ceintures-sacs, dotées de tous ces accessoires estampillés « jeunes », « dans le coup ». Pire : celles qui non seulement jouent les jeunes, mais en plus les jeunes « sexy » et qui en rajoutent ! Ne se voient-elles donc point vieillir, ne constatent-elles donc pas sur leur corps les stigmates que creusent jour après jour l'usure des ans ? À croire que non, à croire qu'elles ne veulent pas voir, s'accrochant désespérément à leur image de jeunesse. Car elles existent, ces femmes qui continuent envers et contre tout à vouloir exhiber des charmes qui, pourtant, commencent sérieusement à flétrir. Incapables d'opérer cette nécessaire négociation avec le temps, elles perpétuent ce mode de paraître qui fut jusqu'alors le fonctionnement de leur séduction et qui repose sur la mise en valeur de leurs formes et de leurs attraits. Mais ces attraits ne le sont plus. Elles continuent pourtant à s'habiller au-dessus du genou, sans voir que le genou commence à plisser, elles continuent à porter des débardeurs sans remarquer combien l'intérieur de leur avant-bras ramollit et bouge comme de la gelée, elles continuent à farder leur bouche de rouge, sans remarquer que le rouge s'incruste dans les petits sillons creusés par les ridules. Enfin, elles continuent à exhiber leur poitrine sans remarquer que le galbe du sein n'est plus aussi ferme et que des plis se forment désespérément à la naissance du décolleté, lorsqu'elles ont le malheur de serrer les bras. Pas question pour elles d'envisager une quelconque mise à l'ombre, elles ne fonctionnent toujours que dans la mise en lumière.

L'aveuglement dont elles font preuve et qui les fait s'engouffrer dans une recherche désespérée de séduction est sans aucun doute à la mesure de l'incapacité qu'elles ont de faire face à la réalité de leur vieillissement. Ignorantes, imperméables à la prise du temps sur leur enveloppe corporelle, elles s'acharnent à faire jouer à leur visage et à leur corps, objet-fétiche, cet appel à la conquête sexuelle auquel elles ne peuvent pas renoncer. Cela est d'autant plus pathétique que cet appel a de moins en moins de chances de trouver un destinataire potentiel. Elles sont dans le déni. Elles ne tentent pas de masquer, elles montrent, elles exhibent, comme si le fait de montrer revenait à nier ce qui est. « Ces femmes-là en font trop, remarque le docteur Mimoun, elles en font même beaucoup plus qu'elles n'en faisaient sûrement il y a dix ans, elles sont dans le doping vis-à-vis d'elles-mêmes et des autres... Mais c'est pathétique, parce qu'elles ne font illusion sur personne ! » À noter que ce type de comportement se remarque chez les femmes qui ont toujours eu l'habitude de fonctionner sur le mode d'une féminité ostentatoire.

Autre déclinaison de la dénégation : l'anticipation. On ne conteste pas le vieillissement, mais on l'efface d'un saut dans le futur, en le faisant vivre au passé. C'est la « Dame en bleu » de Noëlle Châtelet, qui précipite son vieillissement en abandonnant d'un coup les artifices de la séduction pour passer du côté de la vieillesse. Dans une sorte de défense projective, la cinquantenaire abandonne la négociation du virage pour se diriger d'un bond vers l'étape suivante, celle de la vieillesse avérée. Il n'y a plus de bataille à mener pour celle qui dit « moi qui suis une vieille femme », « moi qui ne suis plus une séductrice », etc. Mais il y a aussi de l'autodérision, du cynisme et de la perversité à jouer ce qu'on n'est pas encore. On les connaît, ces femmes – généralement fort jolies – qui, ayant trop peur de vieillir, se lancent dans une ironie conjuratoire qui ne demande qu'à être contredite par des interlocuteurs compatissants. Dire sans cesse et répéter : « Vous comprenez, à mon âge », revient à exorciser le démon et à chercher en permanence le démenti salvateur : « Mais non, mais non, vous êtes encore si jeune »... jusqu'au jour où, prises à leur propre piège, le démenti ne vient pas ! Ainsi Laure, belle femme de 53 ans et qui en paraît facilement dix de moins, a-t-elle été prise à son propre piège. Un jour, alors qu'elle était en avance à son rendez-vous, elle demanda à son chauffeur de taxi de la déposer devant une terrasse de café. Le chauffeur lui dit : « Attention, vous allez vous faire draguer ! – Pas à mon âge », lui répondit-elle, avec le secret espoir qu'il allait s'esclaffer bien fort pour la contredire. Mais, malheur, il la prit au mot : « Oh vous savez, il y en a qui aiment les vieilles ! » Ce jour-là, elle décida mais un peu tard qu'on ne l'y prendrait plus !

La résistante active

Il y a aussi les combattantes, celles qui forment de loin le gros des troupes. Conscientes des transformations de leur corps, elles ne sont pas dans le déni, elles sont dans la résistance lucide et active, utilisant tous les moyens, toutes les techniques, toutes les solutions qui sont à leur portée pour ralentir, voire juguler les effets du temps. Comme le dit à juste titre Nicole Kremer, fondatrice de l'association Femmes pour toujours[1] : « Il n'est pas question de se rajeunir, mais de se maintenir. » Par le sport d'abord : danse, yoga, gymnastique, jogging, piscine, vélo, autant de techniques actives qui, outre leur action de maintien du corps, visent à une reconquête positive de soi. Elles libèrent leur angoisse. En bougeant, en agissant, elles maîtrisent ce qu'elles croyaient non maîtrisable. Et puis elles se souviennent de leurs 30 ans et des années *fitness*. Par la cosmétique aussi bien sûr : elles consacrent une attention toute particulière à l'entretien de leur peau. Elles crèment, elles badigeonnent, elles huilent, elles massent et elles avalent des compléments nutritifs... « Quand je rencontre un homme, que croyez-vous qu'il regarde ? L'enveloppe bien sûr, lance Brigitte dans un accès de grande lucidité. J'ai beau ne plus compter sur cette enveloppe pour séduire, il n'empêche que je l'entretiens et en agissant de la sorte, je me fais du bien ! » Alors son emploi du temps ressemble à celui d'un Premier ministre en beauté : tous les soirs, douche froide après le bain – « Ça fait mal, mais ça fait remonter

1. Association française pour l'information sur la ménopause et ses traitements, BP 172, 94305 Vincennes Cedex. Tél. : 01 43 74 36 92.

les tissus » –, toutes les semaines, séance de gym et de kiné avec massages à l'appui, tous les quinze jours, nettoyage de peau en institut et, quand il le faut, injections de collagène dans les plis. Tous les mois, séance de coloration chez le coiffeur sans parler des soins spécifiques du soir et du matin, dans l'intimité de la salle de bains. Elle y laisse chaque mois une vraie petite fortune. Mais que fait-elle donc de si différent d'une jeune femme soucieuse de son corps et de sa peau ? Disons que le soin est plus intensif et plus spécifique. Contre les ennemis, la ride et l'affaissement, la guerre est sans merci. L'armoire de beauté de toutes les cinquantenaires entrées en résistance recèle l'arsenal parfait de la lutte contre l'envahisseur : effaceur des rides pour le jour, antirides fermeté pour la nuit, actifs anti-âge pour la jeunesse du regard, contour lisse pour les lèvres, crème antitache pour les mains, fond de teint multi-régénérant qui rajeunit, c'est évident ! « Le problème, c'est que, certains soirs, je me trompe, avoue Catherine en rigolant. Je ne mets pas la bonne crème au bon endroit. Je me démaquille avec de la crème pour le corps, j'enduis mes cuisses avec du lait démaquillant, je mets l'antirides de jour pour la nuit, le contour des lèvres autour des yeux et l'antirides de nuit autour des lèvres et quand je m'en rends compte, je hurle de rire. Je me dis : “De toute façon, j'ai le même problème partout, alors ! qu'elle soit sur le corps, autour des lèvres ou sur le cou, peu importe la crème !” Et, tant pis, si ça ne marche pas, l'essentiel c'est que j'agisse, que j'aie la conscience tranquille, je me dis que je fais ce qu'il faut. Je suis en paix avec moi-même, j'accomplis mon devoir de beauté-jeunesse et rien que cela me fait du bien. »

Faire ce qu'il faut pour être dans la course. Encore dans la course. Se maintenir à tout prix. Terrorisme de l'image ! Dieu qu'il est exténuant et coûteux le prix à payer pour escamoter le temps ! Mais, franchement, quelles sont les femmes qui voudraient y renoncer ? Elles ont beau stigmatiser cette dictature du marketing cosmétique qui les enjoint à rester jeunes et belles, elles la remercient du fond du cœur de les contraindre ainsi à cette stimulation permanente de leur corps, de leurs tissus. Esclaves consentantes de l'image. Sous peine d'exclusion sociale. Que faire d'autre ? « Si tu relâches ton corps, si tu relâches ça, alors tu vas relâcher tout le reste. Ma peur, c'est qu'un jour j'en arrive à me dire : “À mon âge, ce n'est pas la peine.” Alors, je lutte, je lutte, dit Cathy. Maintenant que j'ai 50 ans, j'ai peur du cap des 55 ans. Je fais des régimes, de la gym, de la piscine, je tiens absolument à ma silhouette, je soigne beaucoup plus mon apparence que lorsque j'étais jeune. » Elles partent en guerre chacune à leur manière.

Le bistouri du chirurgien esthétique n'est pas loin. Mariée à un homme de vingt ans de moins qu'elle, Marie utilise tout ce que le progrès scientifique et la chirurgie esthétique mettent à sa portée : sur le « billard » lifting du visage, liposuccion des cuisses et du ventre, chez le dermato laser, injections, peelings, implants dans les rides... Le tout accompagné d'un régime alimentaire draconien.

Résultat : « Sur les plages, je suis nickel », dit-elle. Et c'est vrai qu'elle paraît facilement dix ans de moins que son âge. Mais quel travail, quelle angoisse ! Pour accomplir son devoir de beauté, Nadine, elle aussi, n'a pas hésité à convoquer la chirurgie esthétique. « Quand je me voyais dans la glace de l'ascenseur de mon immeuble, j'étais saisie par mon image. Une copine m'a dit : "Ne prends plus l'ascenseur, ou change d'appartement." Évidemment, j'aurais pu, mais j'ai préféré m'en remettre à la chirurgie, alors je me suis décidée à faire un lifting. »

Comment en vient-on à décider cette intervention sur ce qui est le propre même de son identité, à savoir le visage ? Noëlle Châtelet, dans son livre *Corps sur mesure*[1], décortique l'aventure intérieure qui conduit à la chirurgie esthétique. Interrogeant son amie Clarisse de 52 ans sur sa décision de se faire faire un lifting, elle écrit : « Clarisse explique l'altération, concrètement, comme "une forme d'impureté". Son visage, dit-elle, paraît se brouiller... Alors qu'elle revient de vacances par le train, elle prend son petit miroir de poche pour se poudrer le nez et c'est le choc, un choc négatif : sa peau est ravagée jusqu'en bas du cou. "C'était comme un masque sur mon visage, comme si je ne me reconnaissais pas"... Ne pas se reconnaître, être confronté à un masque nouveau, inconnu, c'est plus qu'une perte, c'est la menace d'un véritable deuil. » Même si de plus en plus d'hommes ont aujourd'hui recours à la chirurgie esthétique (lifting, implants

1. *Op. cit.* Voir son interview en fin de chapitre.

capillaires, liposuccion de l'abdomen), la clientèle des chirurgiens esthétiques est très majoritairement féminine. Avec un type de recours tout à fait spécifique. Explications du docteur Flaisker, chirurgien esthétique : « La demande des femmes varie en fonction de leur âge. À 30 ans, elles viennent voir le chirurgien esthétique parce qu'elles veulent changer de visage, en fait, parce qu'elles ne s'aiment pas. Elles arrivent avec une photo de mannequin, en commandant des pommettes saillantes, des lèvres plus épaisses, un autre menton, celles-là, je les éconduis. Elles veulent une chirurgie du remodelage. Elles ont une mauvaise image d'elles-mêmes. Elles feraient mieux d'aller chez le psy. C'est très grave de ne pas être capable d'assumer son capital génétique. Quand on me demande d'être un "psychochirurgien", je refuse ! En revanche, les femmes de 50 ans appellent la chirurgie esthétique à leur secours pour un petit coup de rajeunissement et d'embellissement. Elles ne veulent pas se transformer, elles ne veulent pas changer de tête, juste la rafraîchir. Celles-là, elles s'aiment. Alors, elles demandent de supprimer le pli amer de la bouche, ou les "couilles de loup" sous les yeux. Ce sont les jeunes grand-mères qui demandent une liposuccion de leur culotte de cheval pour continuer à porter le jean et partir dévorer le monde avec leur mari ou leurs petits-enfants. »

Mais cette lutte armée, il faut la financer. Quelle inégalité devant le vieillissement ! Crèmes, soins, lifting sont des armes qui ne sont pas à la portée de toutes les bourses. Mieux vaut vieillir riche que pauvre. Les ressources financières sont en effet un excellent moyen d'aider à la lutte contre le vieillissement. Élisabeth est de celles qui ont brusquement augmenté leur budget « vêtements » en décidant d'aller désormais s'habiller chez des stylistes, créateurs et grandes marques. « Vous comprenez, j'ai un peu de ventre, un peu de cuisses, un peu de hanches, la taille moins marquée, la fesse moins rebondie, alors plus question de me fagoter avec un pantalon et une veste mal coupés et en mauvais tissu. Ça, c'est bon pour les petites jeunes qui ont la beauté du diable ! J'ai augmenté mon budget fringues de 100 % mais, franchement, ça me fait un bien fou non seulement à la silhouette mais aussi au moral ! »

L'abdication

Mais la bonne forme, la belle ligne, certaines ne l'ont jamais eue. Alors, à celles-là, l'âge fait moins peur. Il semblerait même qu'il leur offre le prétexte idéal pour ne plus avoir à lutter du tout. Elles abdiquent pour de bon, privilégiant un état de quiétude quasi animal, préférant à la culture du paraître et de l'apparence l'épanouissement de leur être dans des lieux, des moments qui favorisent la régression, l'abdication : nature, campagne, mer, loisirs, sommeil... C'est ainsi que Béatrice, femme à l'embonpoint important, avoue que, depuis qu'elle a passé le cap des 50 ans, ses kilos s'étant définitivement installés pour ne plus jamais la quitter, elle est apaisée. Plus besoin de s'occuper de son corps. Plus besoin de rendre de comptes : « C'est comme si la ménopause m'autorisait à m'enfoncer dans mon embonpoint », dit-elle. L'abdication peut aussi être un moment de renoncement chez des femmes qui, jusque-là, avaient misé sur leur séduction.

L'écrivain Colette décrit fort bien ce phénomène lorsqu'elle peint, sous les traits de Léa, la femme pour qui sonne le déclin, qui ne se bat plus, ne résiste plus, se laisse envahir par le poids de l'âge et des kilos. Demi-mondaine à la cinquantaine triomphante, on la retrouve, dix ans après sa rupture avec Chéri, son ex-amant de trente ans son cadet, ayant définitivement rendu les armes et laissant sa féminité s'engloutir sous les bourrelets de graisse : « Elle n'était pas monstrueuse, mais vaste et chargée d'un plantureux développement de toutes les parties de son corps. Ses bras, comme de rondes cuisses, s'écartaient de ses hanches, soulevées près de l'aisselle par leur épaisseur charnue. La jupe unie, la longue veste impersonnelle, entrouverte sur du linge à jabot, annonçaient l'abdication, la rétraction normale de la féminité et une sorte de dignité sans sexe[1]. » Chéri qui revient sur les lieux de la passion passée n'en revient pas de la transformation physique de son ancienne maîtresse : « Comment cela lui est-il arrivé d'être vieille ? Tout d'un coup, un matin ? Ou peu à peu ? Et cette graisse, ce poids dont gémissent les fauteuils ? Est-ce un chagrin qui l'a changée

1. *La Fin de Chéri*, Calmann-Lévy.

ainsi, et désexuée ? Quel chagrin ? À cause de moi ? »

Lucie, 54 ans, très préoccupée de son apparence, appelle ce moment-là de ses vœux : « Pour l'instant, je lutte, je me fais lifter, je fais du sport tous les jours, raconte-t-elle. Quand je fais du sport, je me sens bien et droite dans ma tête pour le reste de la journée. Je me maquille, je m'habille chez les grands couturiers en essayant tout de même de mettre des tenues un peu moins voyantes que jadis. Je me dis : "Allez ça va encore, mais il n'y en a plus pour longtemps." C'est pourquoi j'ai tellement hâte d'avoir 60 ans. Quand j'en aurai fini de la résistance, je me sentirai bien. À 60 ans, j'aurai baissé les bras. J'aurai un châle sur les épaules et je regarderai "Questions pour un champion". Je n'exigerai plus rien de moi, je serai enfin tranquille, j'admirerai la nature, mon jardin, je serai en paix avec moi-même ! »

L'abdication peut aussi revêtir des formes symboliques. On a vu précédemment ces actes de marquage que furent par exemple le congédiement des amants, le renoncement à des manifestations de jeunesse comme faire la roue et porter le bikini sur la plage. Madeleine, elle, a jeté son jean l'année de ses 50 ans : « Je l'ai fichu à la poubelle, ce fut comme un acte symbolique pour moi, ce n'était plus de mon âge » ! Il arrive aussi que certaines femmes passent par une abdication déguisée. On évoquera ici des cas plus graves, quand, par exemple, la blessure psychologique s'inscrit dans le corps de la femme et que celui-ci se transforme en arène des conflits. Une femme nous a ainsi avoué qu'elle se demandait si elle n'avait pas tout bonnement fabriqué son cancer quelques mois après son cinquantième anniversaire et le départ conjugué de ses enfants de la maison. Cette irruption de la maladie casse une certaine relation au corps ; il faut alors en inventer une autre qui n'aurait plus comme point de départ le démantèlement psychologique, mais un fait solide : « Depuis ma dépression, depuis mon opération, depuis que j'ai des problèmes de colonne vertébrale... » Cela permet de poser le problème d'identité en des termes nouveaux, extérieurs à soi, et d'oblitérer ainsi la castration opérée par l'âge.

Pour d'autres femmes encore, la revendication militante de l'âge entre dans ces mécanismes de défense. Des femmes qui se retrouvent par exemple dans des associations telles que Femmes pour toujours dont l'objectif est de modifier l'image de la femme ménopausée, notamment par une meilleure information. Elle est celle aussi, joyeuse, de Macha Méril, les Cinquantièmes Jubilantes, ou celle, plus ciblée, de Lissou Nodier, Image de femmes, qui travaille à la promotion de l'image des femmes de plus de 50 ans dans le monde de la consommation et de l'économie. Rien à voir néanmoins avec ce qui se passe aux États-Unis où les femmes crient haut et fort le bonheur d'être ménopausées. Ce sont par exemple les *Red Hot Mamas*, les mémés à bouffées, qui revendiquent le droit de vivre leurs bouffées de chaleur en toute liberté au point qu'elles clament à ces hommes médecins qui veulent leur imposer des traitements hormonaux : « Il faut que vos conseils d'administration soient éclairés par nos bouffées de chaleur. » Pauvres hommes, toujours pointés comme accusés : comme le dit le docteur Sylvain Mimoun : « Ce sont des femmes vis-à-vis desquelles nous aurons toujours tort. » Qu'ils leur conseillent un traitement hormonal de substitution et les voilà accusés de ne pas laisser les femmes vivre leur ménopause en toute liberté... Mais qu'ils se désintéressent de la question et ils seront accusés de ne pas vouloir prendre en compte les difficultés des femmes aux prises avec la ménopause. Un autre mouvement américain promeut également la visibilité, celui du Fan-Club – Club de l'éventail –, ainsi appelé joliment non dans l'espoir d'attirer des fans des femmes ménopausées, mais pour évoquer les éventails bien indispensables en cette période de bouffées de chaleur.

La mutation

Quelles que soient les stratégies mises en œuvre, la confrontation avec l'âge a au moins cela de bon qu'elle permet de passer le cap. C'est en identifiant le malaise qu'on peut le vaincre, le dépasser et s'accepter. Et sortir grandi, apaisé de l'épreuve. Et si le temps était venu de se poser enfin ? Dans la réalité, le temps de la femme s'arrête et ce n'est pas le rythme artificiel des hormones de substitution, lui qui n'obéit qu'au calendrier, qui pourra le remplacer. Alors, un autre rythme s'installe ou plutôt une absence de rythme. Serait-il relayé par le temps des hommes, temps linéaire ? On pourrait être tenté mécaniquement de le penser. Mais non, il semblerait plutôt que les femmes, vers la cinquantaine, entrent dans un rythme plus lent, rythme solaire peut-être. Elles le sentent, le disent lorsqu'elles introduisent dans leur discours la prise en compte de cette nouvelle dimension temporelle : « Maintenant, je prends mon temps, je ne fais plus les choses à la hâte », « Je suis plus sensible aux saisons. Avant, j'étais marquée par mon cycle, maintenant je suis beaucoup plus attentive aux bouleversements des saisons. Je les vis différemment, de manière beaucoup plus forte, et je les vis différemment chacune. » Pour Myriam, cette nouvelle relation au temps se cristallise sur la nature et les arbres : « J'ai l'impression au printemps de voir leurs feuilles pousser dans mes mains, s'étaler durant l'été et se dessécher au long de l'automne. » L'entrée dans un autre rythme n'est bien sûr pas sans difficulté ni problème. Il faut savoir tendre l'oreille, ouvrir grands les yeux, développer la capacité à ressentir pour pressentir les changements. C'est un rythme dont elles savent qu'il sera désormais le leur mais qui risque de se heurter, à ce moment-là de leur vie de femme active, à leur tempo professionnel. Alors, nageant en plein paradoxe, elles rêvent de temps pour elles, elles adoptent un pas plus lent tout en travaillant toujours autant. Un temps plus lent dicté par l'urgence de vivre pleinement le moment présent. « J'ai la claire conscience qu'il me reste encore plein de choses à faire, à lire, à savourer, à déguster, dit Brigitte, alors je me dis que toutes ces années – je ne veux pas les compter – deviennent exceptionnelles. Elles sont plus rares. J'ai un sentiment de précarité qui, du coup, transforme ma relation à la vie et aux gens. » La conscience réelle, approfondie et permanente qu'il n'y aura pas de retour en arrière peut en effet créer une dynamique qui va devenir le moteur de la vie. On le remarque tout particulièrement chez les femmes qui ont été confrontées à la mort de proches ou à leur propre mort (celles qui ont eu un cancer, par exemple) : alors s'installent distance et sérénité face aux contrariétés et aux problèmes de la vie, et par rapport à des enjeux jadis vitaux, le travail par exemple. Peut alors commencer une jubilation de l'instant, une dégustation des petits bonheurs.

Le temps des petits bonheurs

Et là vient l'euphorie qu'apporte la capacité à vivre et ressentir tous les petits bonheurs de la vie. « Mes moments de bonheur ont changé. Ils sont peut-être plus petits mais ils sont plus intenses. C'est lorsque, par exemple, dans le travail, je réussis quelque chose que je n'avais jamais réussi jusque-là. C'est un moment d'intimité avec les enfants, c'est un livre dont je découvre les subtilités, c'est une expo de peinture qui fixe en moi des émotions qui ne me quittent plus, c'est un magnifique coucher de soleil qui m'arrache des larmes ; ce ne sont que de petites choses que je prends le temps de déguster et que je ne remarquais même pas, jadis. » Chacun de ces moments devient potentiellement un moment de grâce. Ce n'est pas délibéré, volontaire, non, c'est instinctif. Chantal raconte, innocemment, comment elle s'est mise un beau jour à regarder le chêne de son jardin : « Je tenais mon bol de café du petit déjeuner et je me suis arrêtée, comme sidérée par la vision de cet arbre. Pendant quelques secondes, quelques minutes, il était devenu la chose la plus importante du monde. Je ne le regardais pas comme un peintre, ni comme un jardinier, mais plutôt comme un frère, comme si lui et moi ne faisions plus qu'un. Après, je me suis sentie toute heureuse, toute revigorée. » Concrètement, le bonheur avec soi peut emprunter de tout petits chemins. « Des années à appréhender le monde et à construire... J'ai fait, j'ai tout fait, des études, une carrière, trois enfants. Voilà, maintenant que j'ai le sentiment du devoir accompli, il me reste un énorme travail à mener, je vais partir à la découverte et à l'apprentissage de moi-même ; je vais patiemment, voluptueusement m'expérimenter, me regarder faire, m'écouter penser, dit une dirigeante d'entreprise, responsable de cinq cents personnes. J'ai couru le monde, j'ai découvert, j'ai appris, j'ai rencontré des tas de gens, j'ai animé des maisons. J'étais inusable, passionnée, sans répit. Les problèmes de la vie ne seront plus désormais des problèmes à résoudre, au besoin par la force, mais seront autant d'occasions de comprendre comment je fonctionne et comment les autres fonctionnent face aux difficultés. Les tâches les plus quotidiennes seront des occasions de reprendre contact avec la réalité tangible. Je retrouverai le plaisir des choses, le lin différent du coton, le cristal de la porcelaine et cela rien qu'en étant dans ma cuisine ! J'éprouverai le poids de mon corps quand je marche. Le monde va reprendre odeurs, saveurs, couleurs, toucher, sons. » Ce que l'écrivain Colette exprime si bien dans *La Naissance du jour* : « L'aube vient. Le vent tombe. De la pluie d'hier dans l'ombre, un nouveau parfum est né ou c'est moi qui vais encore une fois découvrir le monde et qui y applique des sens nouveaux. Ce n'est pas trop que de naître et de créer chaque jour. »

Bonheur fugace ? Bonheur intense en tout cas, et jouissance forte. On pourrait raconter à l'infini ces découvertes de plaisirs dans l'infiniment petit, même éprouvés par des femmes hyperactives, *a priori* non disponibles et vivant par ailleurs, dans leur vie professionnelle ou personnelle, des émotions fortes. Le temps, qui pourrait passer pour un ennemi ou un destructeur, se transforme alors en allié, temps précieux, temps valorisé, temps dégusté. Toute une révolution qui s'accomplit. Avec la claire conscience du temps qui passe, l'envie des plaisirs de la vie se fait plus aiguë, le sentiment qu'il faudrait peut-être arrêter de courir pour enfin se poser. « Je suis à la fin de quelque chose mais au début d'autre chose, de l'âge mûr, de la sagesse, ça m'intéresse de vivre ça », reconnaît Cathy.

Le sentiment de vieillir, pour beaucoup de femmes interviewées, apporte, disent-elles, une jouissance de la conscience, de la connaissance de soi. « Je vis mes 50 ans comme une libération, explique

Florence Montreynaud. Peu avant mon anniversaire, j'ai décidé que c'en était fini de tout ce que j'avais enduré. Aujourd'hui, je suis enfin capable de dire non et de dire "Je". Quand les femmes se prennent en main, elles se forgent dans le refus. Alors peut-être que les 50 ans, c'est le moment de savoir enfin ce que l'on veut intensément pour soi. Je sais désormais ce qui est bon pour moi et j'ai le sentiment de pleinement m'accomplir. »

Et c'est alors que peut arriver le moment tant attendu de la rencontre avec soi. C'est ainsi que Florence raconte qu'elle s'est offert comme cadeau, pour ses 50 ans, la rencontre avec elle-même : « Pour fêter mes 50 ans, alors que j'étais en voyage à Florence avec mon amoureux, je lui ai demandé de me laisser seule, j'ai voulu m'offrir un délicieux moment avec moi-même. » La force de la jeunesse a laissé place à celle de l'expérience, de la connaissance du monde et des arcanes de l'âme humaine, à commencer par la sienne. Sacrée puissance que celle-là. Sur soi-même et sur les autres. Pour Christine, il n'y a pas d'autre alternative avec l'âge que d'« être ». Être dans son désir. Découvrir enfin la capacité à « être » seule, bien avec soi-même, disponible à cette écoute de soi, au plus près de ses désirs et de ses émotions. Force intérieure qui vous révèle à vous-même et aux autres. Christine, 51 ans, journaliste et mère de quatre enfants, raconte comment sa cinquantaine l'a révélée à elle-même : « Jadis quand il m'arrivait de me retrouver seule un weekend, je m'angoissais, dit-elle. Maintenant j'attends ce moment de solitude avec délectation. Mes enfants sont grands, mon mari souvent absent, je me sens délicieusement bien quand je suis seule. Alors le samedi, je chausse mes tennis et je pars dans Paris, à la découverte de quartiers que je ne connais pas, avec l'envie de m'y perdre. Je déambule, je découvre une église, une petite place. Je m'assieds à une terrasse de café, je regarde les gens, je les observe, je me délecte. Ce sont des moments d'intense bonheur, de plénitude, des moments de vraie vie où je n'appartiens qu'à moi-même, j'ai l'impression de remplir tout mon être de moi-même... » Cette découverte du bonheur d'être seule est telle que certaines femmes mariées en viennent à rêver d'une nouvelle vie avec leur mari. « Un mari qui serait là sans y être, qui nous laisserait ces grandes plages de liberté et de solitude dont nous rêvons presque toutes, poursuit Christine. Mais je me rends bien compte que ce rêve-là est un luxe de femmes qui ne sont pas en manque d'homme. »

Le travail d'analyse que beaucoup de femmes de cette génération ont pu entreprendre n'est pas pour rien dans cette découverte du bonheur avec soi-même et cette disponibilité. Si les mères des baby-boomeuses ont été rares à pouvoir goûter aux vertus du fameux « travail sur soi », comme disent les psys, en revanche, la génération du baby-boom est celle qui est entrée de plein fouet dans la découverte du travail analytique ou psychothérapique. Et qui à la cinquantaine peut en mesurer pleinement les bienfaits. Sorte de calme tranquille, le calme après la tempête hormonale et psychique de la ménopause, après les décharges affectives que peuvent provoquer le décès des parents et le départ conjugué des enfants. Beaucoup de femmes interviewées l'ont dit haut et fort : « Celles d'entre nous qui ont eu la chance d'avoir fait un travail analytique en goûtent encore plus les fruits à la cinquantaine. » Ainsi Liliane, 50 ans, qui occupe un poste élevé dans un ministère, parle-t-elle des bienfaits de son analyse : « À part les inconvénients physiques, dit-elle, la cinquantaine pour moi est synonyme de sérénité. C'est un mot peut-être un peu galvaudé et attendu, mais je trouve quand même que ce qui est intéressant dans le vieillissement, c'est que la relation aux autres s'approfondit. Mais peut-être suis-je aussi tout simplement en train de prendre conscience des bénéfices de ma cure analytique. L'analyse a positivé mon ouverture aux autres. Avec la rondeur des formes, je découvre une sorte de douceur, d'indulgence, de tolérance. » Passer le cap des 50 ans, c'est entrer dans l'ère des retrouvailles avec soi-même, premier vrai bilan d'une vie déjà à moitié parcourue. Il semble bien qu'avoir 50 ans aujourd'hui favorise grandement les candidats à cette recherche de l'aventure intérieure. La généralisation de la psy n'est pas pour rien dans la proximité qu'ont les cinquantenaires d'aujourd'hui avec leur moi profond. Ainsi le registre de l'être est-il devenu pour cette génération-là une denrée des plus précieuses, « un potentiel à actualiser, comme le commente Marc Ladet de Risc International. Il faut développer force et contrôle de soi, aller au bout de ses capacités intérieures tout en étant vigilant par rapport aux risques des dérives sectaires ».

Acceptation de la réalité sans cynisme ni résignation, capacité d'élucidation des conflits intérieurs et des problèmes qui se posent, quant à soi authentique. Sorte d'*arrière-boutique* chère à Montaigne : « Il se faut réserver une arrière-boutique toute nôtre, toute franche, en laquelle nous établissons notre vraie liberté et provinciale retraite et solitude », affirmait l'écrivain. Voilà que la cinquantaine mène à la porte d'entrée de cette arrière-boutique. Madeleine Gueydan parle d'ailleurs du temps de la ménopause « comme d'une possibilité de perlaboration, chère au temps de la cure psychanalytique qui permettrait, à l'occasion de l'intense remaniement libidinal, de se plonger ou de se replonger dans les résistances méconnues [1] ». Contrairement à ce qu'on peut dire ici et là, la crise des 50 ans est aussi un très bon indicateur du moment venu pour aller s'étendre sur le divan d'un psy... à défaut de celui d'un homme. « Il y a deux moments où la femme peut décompenser, dit la psychanalyste Marie-Christine Laznik, c'est la puberté et la ménopause. À la ménopause, en effet, tout ce sur quoi l'assurance était fondée est mis en pièces. Tous ces petits tapis qu'étaient la jeunesse, la forme, la séduction lui sont retirés par les ans. Tout est réouvert, c'est donc une excellente indication pour un travail analytique. »

1. *Femmes en ménopause, op. cit.*

Une autre féminité, un autre type de séduction

Qu'elles soient ou non passées sur le divan du psy, ou qu'elles aient accompli toutes seules, sous la pression de l'âge, ce travail de prise de conscience, il pourrait donc bien y avoir, à la cinquantaine, des lendemains qui chantent. Avantages de l'âge ou simple compensation ? Qu'importe après tout, l'essentiel n'est-il pas de pouvoir savourer cette nouvelle relation à soi-même et de pouvoir tricoter tous ces petits bonheurs que vous offre la pleine conscience du temps ? Mais c'est aussi cette conscience de soi qui participe de la séduction de la maturité et passe par le délestage du vieux moi. Ce vieux moi qui fut celui du jeune corps, de la beauté hautement désirable, toujours désirée, toujours recherchée. Le plaisir d'entendre : « Vous êtes superbe », « Vous êtes ravissante », « Mon Dieu, que tu es belle », plaisir qu'on a cru inusable mais qui, aujourd'hui, est fini. Ce vieux « moi » débarrassé des scories des illusions de jeunesse éternelle, de l'esthétique plastique de l'enveloppe corporelle pourra alors laisser place à une nouvelle esthétique : celle du féminin de la maturité. Une transformation/mutation que Jacqueline Schaeffer explicite en ces termes : « La femme vieillissante va devoir remettre en cause tout ce qui avait marché jusque-là, tout ce avec quoi elle avait séduit. Elle doit renoncer à être séductrice mais savoir rester séduisante. C'est toute la différence entre une femme séductrice et une femme séduisante et qui met bien l'accent sur la différence que je fais entre féminin et féminité. La femme séductrice met son défi phallique au service de sa séduction, et provoque l'homme à relever son défi : elle lui montre son intérêt, joue de son désir, de son érotisme et de sa féminité mais pour provoquer le phallique de l'homme. Son désir vise à se faire désirer, par tous les moyens. Cela peut être, dans le meilleur des cas, dans le but de découvrir chez lui, l'homme, le masculin qui révélera son féminin à elle. C'est donc une quête de féminin, qui prend le masque de la féminité. Alors que la femme de la cinquantaine ne peut plus jouer de cet éclat pour attirer l'homme, être séductrice serait s'exposer au ridicule, à la vexation ou à la déception. Il lui faudra montrer autre chose, du côté de la parole, de l'humour et de l'intelligence. Il lui reviendra d'être particulièrement séduisante par son charme, par sa générosité, par son expérience féminine, ce qui peut avoir un attrait et même une attraction certaine vis-à-vis de certains hommes, jeunes ou vieux. »

Serait-ce cela que l'on nomme beauté de l'âme ? Tarte à la crème à visée consolatrice ? Certes non ! « Cela peut sembler bizarre, avoue Jacqueline, mais il se trouve que les gens – hommes et femmes – ont commencé à me dire que j'étais belle vers 50 ans. Je ne pense pas que ce soit vrai au sens strict, sinon on me l'aurait dit avant ! Je pense tout simplement que, maintenant, je suis rassurante, je ne suis plus une femme tendue et combattante pour une image d'elle-même. Et puis surtout, je donne une vision positive parce que je ris. Je n'ai jamais autant ri et souri que depuis que j'ai 50 ans. Pourquoi ? Parce que la vie est précaire, parce que les menaces s'amoncellent et que, par conséquent, tous les petits problèmes méritent seulement qu'on en sourie avec amusement et indulgence. Alors certains appellent cela la beauté, moi j'ai envie de dire que c'est la vie. Je ne suis pas belle, je suis vivante. »

Et c'est ainsi que naît une autre séduction faite de féminité tout intérieure, qui passe par le sourire, l'écoute, la parole. Aujourd'hui, disent en riant les femmes cinquantenaires, pour séduire, c'est autre chose, il faut « l'ouvrir » et révéler son âme. Finie l'ère de la féminité exhibée, une féminité que la styliste Sonia Rykiel définit comme « choquante et non troublante[1] ». Ce n'est plus cette séduction au premier degré, immédiateté engendrée par des morceaux de corps susceptibles de susciter le désir de l'homme. Ce n'est plus le dévoilement du corps qui est cause du désir. C'est le dévoilement de l'âme, par la parole. C'est une séduction qui se construit autour de l'échange, une séduction d'âme à âme. Mais, au fond, faut-il s'en plaindre ? C'est une séduction sélective, de l'intelligence et de la maturité. Quelque chose de l'ordre de la « brillance phallique », selon les termes de Freud. Comme le dit l'écrivain Jean Lacouture, « l'intelligence, la beauté de l'âme des femmes mûres, est un "pousse-beauté" ». Anne-Lise, psychanalyste, ravissante femme de 53 ans, dont les cheveux bruns remontés en chignon découvrent la gracilité du cou,

1. *Marie-Claire*, n° 570, février 2000.

explique en riant qu'il suffit qu'elle « l'ouvre », comme elle dit, c'est-à-dire qu'elle s'exprime par exemple lors d'un colloque, pour que les hommes portent leur regard sur elle. Et ne la quittent plus. Ce n'est plus le corps qui est déclencheur de désir, c'est la femme qui parle. « Je prends conscience que je ne peux plus être désirée seulement sur l'apparence..., alors c'est comme si je disais tout bas aux hommes, laissez-moi donc le temps de vous parler pour laisser s'installer le désir. » Jeune grand-mère, Anne-Lise n'a pas du tout renoncé au jeu de la séduction. Ancienne soixante-huitarde, ayant tout vécu de la libération et de l'expérience des communautés sexuelles, elle dit ne pas savoir ce qu'est la fidélité : « Jouir avec un seul homme toute la vie ? Inconcevable ! J'ai toujours été curieuse et je continue. Il faut dire qu'avec mon mari, je peux vieillir tranquillement, il n'a jamais encouragé la féminité en moi. Alors, si je décide d'être désirable, ça marche. Sauf que si je veux séduire maintenant, je sais que je vais devoir obligatoirement passer par la parole. Donc, je ne m'en prive pas. Cela dit, je ne crois plus vraiment dans les hommes, quelque chose m'a quittée de ce côté-là. Avant je les aimais, ils pouvaient m'émouvoir. Aujourd'hui, ils ne me la font plus. J'aimerais être émue, je ne le suis plus. J'ai perdu le goût de l'aventure et du mystère. Ils sont tellement nus pour moi, que je n'ai plus envie de les déshabiller. Pour moi, 50 ans, c'est trop de savoir, je ne suis plus transportée, dommage, parce que je vis ça comme un manque. Disons qu'aujourd'hui, je me sens une séductrice avertie.

Mais, au fond, peut-être suis-je encore disponible pour un coup de foudre ? »

« Si cette période de la ménopause est avant tout celle du deuil de la maternité, elle ne nécessite pas pour autant le deuil du féminin et de la féminité, affirme pour sa part Jacqueline Schaeffer, bien au contraire, j'insisterai sur la possibilité d'une renaissance de l'érotisme féminin... La relation de jouissance ne s'use pas, elle peut surgir dans une rencontre à tout moment de la vie d'une femme. » Même si les femmes constatent que « ce n'est plus comme avant », toutes n'ont pas mis une croix sur une histoire d'amour. C'est, avec ses mots, ce que nous dit Monique, sans mari et sans enfants, mais qui se sent « toujours disponible pour une rencontre ». « J'y crois, je crois en l'avenir », avoue-t-elle, sans pour autant essayer de forcer le destin. « On ne sait jamais ce que la vie nous réserve. » En effet. La grande amoureuse qu'était Colette a 52 ans lorsqu'elle rompt la liaison qu'elle entretenait depuis cinq ans avec le fils de son mari. Pour basculer dans une nouvelle aventure amoureuse avec l'homme qui deviendra son troisième mari, Maurice de Goudeket, qui a seize ans de moins qu'elle.

Véronique, cadre dans un organisme social, mère de trois enfants et grand-mère d'une petite fille, divorcée et sans homme depuis dix ans, dit haut et fort qu'elle n'a pas renoncé à séduire. « J'aimais tant plaire, dit-elle. C'est vrai que, dans le métro, par exemple, les hommes ne me regardent plus. Mais, dans le travail, là où je peux faire valoir d'autres armes de séduction que ma simple enveloppe corporelle, j'ai encore un pouvoir de séduction. D'ailleurs, quand j'arrive en séminaire, je me fais un véritable plan de séduction et ça marche. Je parle, ils m'écoutent, je sens des petites vibrations dans le regard. Mais, maintenant, je fais la différence entre le fait d'être séduisante, qui est un état, et le fait de séduire, qui consiste à passer à l'action. Voilà la différence, maintenant je ne passe plus forcément à l'action, comme je le faisais il y a dix ans, disons plutôt que je me contente surtout de croire que je suis une allumeuse. » Mais pour autant, pas question de chercher un homme à tout prix, par exemple par petite annonce, comme le font certaines de ses copines ! « Quelle horreur ! Moi, ce qui me manque, ce n'est pas vraiment le sexe – encore que j'étais une sacrée baiseuse –, c'est surtout le creux de l'épaule sur lequel reposer ma tête, le bras à prendre dans la rue. Mais je ne suis plus dupe. Alors, j'ai appris à vivre comme ça sans pour autant me résigner. » « Ne vous y fiez pas, fait remarquer Jacqueline Schaeffer, ces femmes qui disent ne plus avoir de désir peuvent connaître un extraordinaire regain de vitalité sexuelle. Elles ont mis le couvercle pour bien étouffer le gaz mais elles peuvent reflamber à tout moment pour un amant. » Nicole Kremer qui, chaque jour, reçoit les confidences des femmes qui s'adressent à son association [1], remarque combien les femmes restent prêtes pour une aventure amoureuse : « Mettez une femme de 50 ans dans les bras d'un tout nouvel amant et elle explosera, ça marchera tout seul ! Évi-

1. Femmes pour toujours, association déjà citée.

demment, si elle se retrouve avec son vieux mari qu'elle ne peut plus encadrer, ça ne risque pas de la faire grimper aux arbres mais, croyez-moi, des aventures amoureuses, j'en entends. »

La maturité peut aussi donner le signal d'un nouveau type de relation avec les hommes. Relation amicale, débarrassée de toutes les ambiguïtés de la séduction érotique, jeux de l'échange gratuit, de la connivence et de l'humour, merveilleusement décrits par Colette dans *La Naissance du jour* : « Humble à l'habitude devant ce que j'ignore, j'ai peur de me tromper, quand il me semble qu'entre l'homme et moi, une longue récréation commence... Homme, mon ami, viens respirer ensemble... J'ai toujours aimé ta compagnie. Tu me regardes à présent d'un œil si doux. Tu regardes émerger, d'un confus amas de défroques féminines, alourdie encore comme d'algues une naufragée – si la tête est sauve, le reste se débat, son salut n'est pas sûr –, tu regardes émerger ta sœur un compère : une femme qui échappe à l'âge d'être une femme. Elle a, à ton image, l'encolure assez épaisse, une force corporelle d'où la grâce à mesure se retire, et l'autorité qui te montre que tu ne peux plus la désespérer, sinon purement. Restons ensemble : tu n'as plus de raisons, maintenant, de me quitter pour toujours. »

De la procréation à la création

Transformation, nouvelle relation aux autres et à soi, le temps de la ménopause peut ouvrir une nouvelle ère aux femmes. Il se trouve des femmes pour vivre leur cinquantaine comme une véritable renaissance. Plus elles auront eu dans la vie d'autres sources d'épanouissement que la maternité, le travail par exemple, plus elles pourront facilement développer des sphères d'épanouissement. Ainsi Hélène Deutsch estime-t-elle que la création intellectuelle peut remplacer la procréation. Dans la mesure où le « lien entre la mère et l'enfant s'est relâché », la femme cherche un autre but. L'activité joue ici comme un « mécanisme de défense » ou comme l'accomplissement tant attendu. Ainsi l'écrivaine Florence Montreynaud, qui se dit voir la fin prochaine de ses tâches procréatrices et éducatives, se sent désormais tout entière appelée vers son autre destin : littéraire. Mère de quatre enfants, elle ne tarit pas de mots pour célébrer cette nouvelle ère qui s'ouvre devant elle avec la fin de « ces machins de la féminité », comme elle dit. « Pour moi, les règles, les maternités, les enfants, c'est comme une grande parenthèse de ma vie qui se ferme. Mes enfants sont grands, j'ai aimé être enceinte, les éduquer, mais maintenant ils n'ont pratiquement plus besoin de moi, je les ai élevés avec mes valeurs, c'est-à-dire d'autonomie. Le temps de la maternité s'achève. Me voici maintenant, avec la cinquantaine, rendue à moi-même et à mes livres. Je me vois écrire encore jusqu'à 80 ans, je suis heureuse de ce temps qui désormais m'est donné. » Un temps sans servitude, un temps enfin pour soi.

Il est évident que cette période est le temps le plus favorable aux investissements mettant en jeu les talents de toutes sortes : littérature, arts, connaissance du monde, bénévolat. La procréation faisant place à la création... La comédienne Macha Méril reconnaît combien le passage des 50 ans a représenté pour elle une « formidable libération » : « Nous sommes débarrassées du souci de la procréation, je peux en parler savamment, moi qui ai tout fait pour avoir un enfant et qui n'y suis pas parvenue, je ne me sentais pas une femme à part entière. On peut difficilement imaginer le temps que j'ai passé, l'énergie que j'ai déployée, les souffrances que j'ai infligées à mon corps pour essayer de faire un enfant : fécondation *in vitro*, piqûres, etc. Mais le jour où on m'a dit – un peu avant 50 ans : "On arrête tout, c'est fini", j'ai dit : "Ouf". J'ai fait définitivement le deuil de la maternité et j'ai pu alors commencer une nouvelle vie. Je me suis enfin écoutée. Je me suis laissée aller à mes goûts, mes aspirations. Les femmes de 50 ans sont encore jeunes, elles ont connu la pilule, la gym, une bonne alimentation, elles sont en pleine forme, en plein épanouissement. Reste à savoir que faire de tout cela ? Je suis enfin à un moment de ma vie où je peux donner tout ce que je suis grâce à tout ce que j'ai fait de mon âge. »

Moment de la vie où l'énergie libérée par l'ancien statut de mère, de séductrice et d'amante laisse la place à une patiente conquête d'une liberté intérieure et se déplace vers d'autres buts. Cette formidable énergie que l'on avait mis jadis dans la séduction érotique et dans la sexualité va se déployer vers d'autres zones de plaisir, celles que peuvent procurer justement la culture, la connaissance du monde, l'ouverture aux autres. « La libido n'est pas morte, précise Jacqueline Schaeffer. Elle se débarrasse simplement de son appareillage sexuel. »

Le regard de désir des hommes les a peut-être abandonnées mais elles ne s'étiolent pas pour autant. Peut-être justement est-ce l'espace libéré par les hommes qui se déploie désormais vers les autres, créant ainsi un nouveau champ relationnel. Un relationnel qui n'est pas vécu comme moyen de réussite professionnelle, comme le réseau, ce fameux instrument de conquête des carriéristes, des hommes en particulier. Ce n'est pas un relationnel instrumentalisé, qui permettrait de maintenir par exemple des liens avec les camarades de promotion ou les anciens de tel ou tel groupe prestigieux. Non, il s'agit d'un mode d'approche des autres qui consiste plutôt à s'ouvrir à des individualités et des milieux différents. Cela peut aller jusqu'à l'engagement en faveur de causes humanitaires. On fait éclater le cercle familial et celui des relations professionnelles. Ainsi, une interviewée parcourant du regard son agenda, agenda chargé de femme responsable dans une entreprise de communication, explique que sa vie relationnelle est en train de changer et établit en la commentant une liste à la Bobby Lapointe : un haut fonctionnaire rencontré dans un train, une « mère au foyer » découverte au club de gym, une peintre de trompe-l'œil « trouvée » dans le couloir de son immeuble. « Il y a beaucoup de nouveaux et nouvelles, ou des gens que j'ai connus il y a un certain temps et que je n'ai pas vus ou rarement et que je découvre ou redécouvre maintenant. On y trouve de tout. Jamais, avant dans ma vie, je n'aurais eu la possibilité de telles rencontres. J'avais moins de temps ou je l'utilisais différemment, et surtout je n'avais pas l'esprit ouvert à ces richesses. Il était trop tourné vers les hommes... » C'est le fait d'oser enfin être soi-même qui permet cette ouverture aux autres : « Je me fais de plus en plus confiance et je sens que cela devient le nerf de ma vie, explique cette femme qui approche de la cinquantaine. Je sais que j'arrive à un moment de ma vie où je trouverai toujours des choses et des gens à connaître, alors qu'avant je n'avais qu'une envie : disparaître, ne pas être vue. Maintenant, je me fais confiance parce que je me suis autorisée à être ce que je suis et je vais être gagnante. En vieillissant, je vais aller vers les autres et faire de belles rencontres. »

Moment d'un nouveau rapport au monde, la cinquantaine peut fournir à celles qui le vivent un départ sur d'autres fondations, recentrées, épurées mais fortes de cinquante ans de vie et d'expérience. La vie n'a jamais été aussi neuve !

La (re)découverte de la liberté

Et le croirez-vous ? Elles disent avoir « moins peur » aujourd'hui qu'hier. Une autre manière de dire qu'elles ont acquis confiance en elles-mêmes. Bizarre, venant de femmes qui appartiennent pourtant à une génération qui a su s'affirmer et n'a jamais eu peur de rien. Bizarre, venant de femmes qui se sentent le corps en déglingue et l'image en débris. En fait, il n'y a pas de paradoxe, car c'est d'une autre confiance dont il s'agit, plus existentielle, plus fondamentale : « Si je devais positiver le bilan de ma vie aujourd'hui, explique Régine Konckier, productrice de cinéma, je dirais que j'ai acquis une sorte de confiance en moi mais une confiance essentiellement intellectuelle car la confiance en mon physique, elle, a bel et bien disparu. » Un sentiment de liberté, nouveau ou renforcé, qui leur vient sans doute de la distance qu'elles ont prise avec le monde et ses apparences, avec les contraintes qu'elles-mêmes s'étaient imposées. À la cinquantaine, les objectifs sont derrière. Ceux qui n'ont pas été atteints ne le seront plus. Les enfants ne sont pas et ne seront jamais parfaits, le couple si tant est qu'il existe encore ne sera pas un couple modèle, le succès professionnel s'il n'est pas au rendez-vous ne viendra plus. Constat qui pourrait être amer. Eh bien, non. D'accord, il s'agit de renoncer à ces rêves-là mais quel soulagement, finalement ! « J'ai tout fait, j'ai essayé de tout bien faire, mais aujourd'hui je rends les armes, dit une femme chef d'entreprise. Je laisse la vie aller un peu comme elle veut. Je me suis défoncée pour ma carrière professionnelle, c'est bien joli, mais maintenant j'ai envie de faire autre chose. Et j'ai surtout envie d'autre chose que le pouvoir. » Celles qui sont sur une route de pouvoir ascendant continuent à le savourer (voir les femmes politiques), les autres découvrent le plaisir de ne pas être toujours toutes-puissantes. Elles lâchent... On le voit à des signes mineurs mais très révélateurs, l'évocation du plaisir de ne pas avoir toujours raison, le bonheur de demander. Noëlle Châtelet, dans son interview, évoque cette jouissance bien particulière qui consiste à renoncer à la volonté d'avoir toujours raison. Le philosophe Schopenhauer[1] voit dans cette lutte pour imposer son point de vue le signe de la vanité. Et l'on pourrait ajouter le signe d'une certaine faiblesse. N'est-ce finalement pas la preuve d'un incroyable sentiment de confiance en soi que de n'avoir pas besoin de prouver en permanence qu'on a raison ? La vraie puissance n'est-elle pas celle qui ne se décrète pas et ne se proclame pas ? Les relations humaines y perdent en tension, y gagnent en richesse. C'est ce que ressent désormais Françoise, intellectuelle habituée à capter l'attention des autres : « Alors que, jadis, dès que j'étais dans une assemblée, j'avais absolument besoin de briller, d'occuper l'espace, d'être le centre, je me surprends de plus en plus à laisser la place aux autres et surtout à prendre plaisir à écouter ce qu'ils disent sans avoir besoin de la "ramener" en permanence. Et le plus drôle, c'est que lorsque je me rends compte de cette nouvelle disposition, cela m'attendrit et je me souris à moi-même. »

Cet abandon de la volonté de pouvoir n'est-il pas finalement le vrai signe de la confiance intérieure ? Une femme, cadre supérieur, raconte qu'un jour, elle s'est aperçue qu'elle ne demandait jamais rien à personne. Dans le travail, bien sûr, elle formulait des demandes à l'égard de ses collaborateurs mais

1. *L'Art d'avoir toujours raison.*

ceux-ci étaient tenus de répondre favorablement. Avec son président, la demande entrait dans un cadre codifié. Dans sa vie personnelle, elle n'avait jamais fait l'expérience d'une demande dont la réponse aurait pu la mettre en péril. « Un jour, je me suis surprise à demander une chose à laquelle je tenais beaucoup : je voulais que ma fille vienne passer Noël avec nous plutôt qu'avec ses copains. Mon père n'allait pas très bien et je voulais cette dernière réunion au complet. Au lieu d'utiliser l'impératif, "Tu viens" et tomber dans les discussions et récriminations qui auraient suivi, je lui ai tout simplement fait la demande. Je lui ai dit que cela me ferait plaisir, que pour moi c'était important. Je me suis donc mise en péril, j'avais terriblement peur qu'elle dise non. Elle m'a effectivement dit non. Eh bien, je n'en suis pas morte, je n'ai pas explosé de rage, j'ai pensé qu'elle avait sa vie et que ce n'était pas pour me faire souffrir qu'elle avait fait ce choix. Et, bizarrement, j'en ai été heureuse. Après, il a fallu le dire à son grand-père, qui était du genre rigoriste. J'avais tellement accepté son refus que j'ai dû l'annoncer avec sérénité puisque mon père a approuvé sa petite-fille ! Depuis, j'ai appris à demander et accepter la réponse quelle qu'elle soit. J'apprends aussi à ne pas demander et à recevoir tous les cadeaux de la vie. C'est pour moi un grand changement récent. Je me sens libérée. »

À 50 ans, on prend des libertés avec tous les conformismes qui ont pu gâcher et limiter la vie, on les regarde de haut. Il ne s'agit pas nécessairement de jouer la vieille dame indigne ou d'interpréter une petite folle en socquettes mais plutôt de vivre selon sa nature profonde sans souci du qu'en-dira-t-on. « Passé un certain âge, il n'y a plus de barrières. Je vis de meilleures années, bien meilleures qu'il y a dix ans. Je suis beaucoup plus fantaisiste qu'avant. Je laisse remonter ma nature vraie. La parole aussi. À 50 ans, on est plus sincère, on parle plus vrai. » Qui parle ainsi ? Une irresponsable, non ! Élisabeth Lefebvre, patronne d'un grand groupe de presse. En écho, Régine Konckier lui répond : « Je me sens libérée des normes et des diktats sociaux. » L'actrice américaine Michèle Pfeiffer, abordant la douleur de vieillir, ne dit rien d'autre que cette libération attendue : « J'ai hâte de devenir une vieille dame indigne, la soixantaine passée. À cet âge-là, on n'a plus rien à faire de la douleur de vieillir (?) ni de la peur de voir la belle mécanique ne plus réagir aussi bien qu'à 20 ans. Alors je voudrais être une sexagénaire très classe mais horrible. Arriver dans des endroits chics et me comporter de façon très déplacée sans que personne ose rien dire parce que j'ai 60 ans et qu'à cet âge, on considère que vous avez droit au respect. À 20 ans aussi, vous y avez droit mais on ne vous le donne pas ! » Sans aller jusque-là, certaines femmes se réjouissent de pouvoir adresser la parole à qui bon leur semble sans qu'il y ait équivoque et sans avoir besoin d'être présentées.

Piètre consolation de l'âge ? Que nenni. Ce n'est que la partie émergée de l'iceberg de la pulsion vers la liberté qui se traduit dans tout l'être de ces femmes. Et si la clé de cette nouvelle liberté n'était pas tout bonnement que les femmes veulent être elles-mêmes ! N'est-il pas temps de s'intéresser pour de bon à soi-même ? Certes, le champ des possibles se raréfie : le plus savoureux est derrière, le moins alléchant est devant. Trop tard pour se lancer dans des défis physiques, trop tard pour envisager une nouvelle carrière professionnelle ? Sans doute, mais il n'y a pas que cela dans la vie. Bel aveu d'Élisabeth Lefebvre : « La partie à vivre, le temps qui me reste, je vais en faire une vie pleine de surprises. Je fais un parallèle avec mes 20 ans, j'ai l'impression de pouvoir faire des tas de choses qui m'ont passionnée ou qui vont me passionner. Je passe mon temps à faire des trucs nouveaux. Je viens d'avoir un coup de foudre pour la Russie, alors j'apprends le russe. Avec ça, je n'aurai jamais 50 ans ! Je fais du travail manuel, on y revient toutes... Je dis "on y revient" parce que je pratique les travaux manuels de mon enfance. Par exemple, je brode... Je refais des choses que j'ai aimées, je relis la littérature classique que j'avais lue trop vite à un âge où je ne pouvais pas comprendre. Et puis, j'ai toujours eu envie d'une vie plus aventureuse, alors je voyage aux quatre coins du monde, j'apprends à mieux aimer les gens. Je vais passer des semaines dans le désert (pas toute seule, bien sûr). J'adopte un autre rythme, je me donne plus de libertés. Je deviens plus indépendante, je pense plus à moi maintenant que les enfants ont quitté la maison... »

L'âge ne peut être que rarement considéré comme un handicap absolu pour pratiquer ou apprendre de nouvelles activités sous réserve de se débarrasser de l'enjeu de la performance à tout prix (c'est là d'ailleurs où femme de 50 ans et homme de 50 ans ne mènent pas le même combat). Bien sûr, on retient moins facilement le vocabulaire russe, on fait plus de contorsions pour se tenir sur des rollers. Et alors ? On en profite pour apprendre sur soi, soi et ses difficultés, soi et ses blocages.

Il reste aussi à découvrir les dons et les curiosités laissés sous le boisseau. Ceux qui ont été éradiqués durant l'enfance, mis au second rang dans la vie d'adulte. Il faut parfois gratter pour les retrouver tant la pression de la vie pour ne pas les entendre a été forte. Dons, curiosités, aspects de soi, tout peut être redéveloppé ou ressuscité. Un témoignage d'une femme encore en pleine activité professionnelle atteste des possibilités de découverte du monde et de soi que l'âge donne ou permet : « Je ne me suis pas posé beaucoup de questions durant ma vie. Il me semblait faire ce pour quoi j'étais la plus douée, laissant tomber tout le reste, ce pour quoi je me croyais médiocre. Petit à petit ont émergé des envies que j'avais et que je n'avais jamais considérées de près, parce que je ne pouvais pas y exceller. À 50 ans, j'ai acheté une boîte de crayons de couleurs ! Je ne sais ni dessiner ni peindre. Mais j'ai osé. J'ai gribouillé, j'ai mis des traits les uns à côté des autres pour voir les couleurs. J'ai fait des ronds, des lignes. Et puis un soir, j'écoutais *Don Juan* et je me suis mise à jouer avec les crayons, et le lendemain en voyant la feuille, tout le bonheur donné par Mozart m'est revenu. Alors depuis, je crayonne – c'est le seul mot correct – mes joies et mes peines.

Je mets des mots, des dessins, des couleurs, c'est un grand plaisir et quand je feuillette mon carnet, c'est à nouveau un grand plaisir. De la même manière, j'apprends le chant, non pas avec des notes et des partitions mais disons plutôt que j'apprends le son et le souffle. Pendant un an, je n'ai fait que des sons, venant du ventre, de la tête, des sons de bête, des sons d'humain ; assez peu de chants angéliques, il faut le reconnaître... Physiquement, c'est une très grande découverte et musicalement, maintenant, je reproduis les sons que j'entends. Je me chante les sons que j'entends dans ma maison à la campagne ou ceux de la foule à New York. Le monde m'appartient ! »

Cette puissance du plaisir de la découverte vient de l'abandon de la logique de performance et de la stratégie d'objectifs. Les résultats ne sont pas les juges. Le bonheur vient du « faire » pour soi-même et non de la reconnaissance sociale. La pratique est bien plus importante que la sanction.

Alors, une clé du bien vieillir ? Une femme éblouissante au sens physique, qui illumine, éclaire et réchauffe par sa présence, énonce du haut de ses 65 ans : « C'est un but de bien vieillir. On devrait s'y préparer. Et, pour cela, il faut se transformer tout le temps. Ne pas vouloir continuer à être à tout prix ce que l'on fut jadis, mais accepter de devenir. Cela s'appelle tout simplement "être" dans son propre désir, tenter de toucher et de montrer ce que l'on est vraiment. Cela veut dire tuer à petit feu les images normatives. Et puis, là non plus, ne pas s'enfermer dans des impératifs. Les jours où je n'ai pas envie d'être bien, je me dis simplement : "C'est une journée off." » On ne peut s'empêcher de penser à cette scène du film *L'Arrangement* d'Elia Kazan, où le héros du film (interprété par Kirk Douglas), en pleine crise du milieu de vie, abandonne travail, argent, réussite sociale pour se retrouver, descendre au plus profond de lui-même, pour « être ». À sa femme (Deborah Kerr) qui le somme de lui répondre : « Mais être quoi et pour quoi faire ? » il répond : « Être », tout simplement. Mais elle ne le comprend pas, engluée qu'elle est dans les scories des normes, de la représentation et du « remplissage social ». Au travail ! Il y a de quoi. Se découvrir, se construire ou se reconstruire avec des matériaux éprouvés, ayant subi l'épreuve du feu. Le monde évolue, un vent de liberté souffle. Voici venu le temps de la révolution ! Elle peut se faire en douceur... Écoutons Paul Léautaud : « Je m'amuse à vieillir, c'est une occupation de tous les instants. »

C'est en tout cas le parti pris de l'écrivain-philosophe Noëlle Châtelet, qui nous dit, dans l'interview qu'elle nous a accordée, tout le plaisir qu'elle a à assister et à accompagner son propre vieillissement.

– *Cette question du vieillissement des femmes est un peu votre cheval de bataille ?*

– Oui, il y a vingt-cinq ans que je m'intéresse à l'image du corps. Depuis que j'ai écrit *Le Corps à corps culinaire*[1], j'ai constaté à quel point le corps pouvait être porteur d'âme. Et il l'est d'autant plus que nous sommes dans une société du paraître, où le corps a remplacé l'âme et est devenu produit de consommation. En menant mon enquête sur la chirurgie esthétique, je me suis rendu compte à quel point la souffrance liée à l'image du corps pouvait être une véritable souffrance psychique. La souffrance liée au vieillissement, celle que ressentent les femmes de 50 ans, est tout à fait légitime.

– *Pourquoi cette souffrance ?*

– Parce qu'il est difficile dans notre société de l'apparence de se voir vieillir et d'avoir à vieillir. Non seulement il est difficile d'accepter l'idée d'un corps qui sera forcément moins séducteur, qui attirera moins, mais c'est même interdit car, dans cette société, vous n'avez pas le droit de vieillir. Ce qui peut inquiéter aujourd'hui, c'est le lien qui existe entre solitude et âge. Il existe une grande solitude des femmes entre 45 et 60 ans, surtout pour celles qui n'ont plus d'homme pour leur dire : “Tu es belle aujourd'hui” alors que peut-être, ce jour-là, elles se trouvaient justement affreuses ! Le problème, c'est qu'elles n'ont plus sur elles comme regard que leur propre regard, et c'est le plus intransigeant.

1. Le Seuil, 1998.

– Et le regard de l'homme de la rue ?

– Le regard de l'homme, la femme continue à le rechercher, bien sûr. Mais jusqu'à quel point ce besoin est-il nécessaire ? Pour vieillir bien et seule, il faut ne plus avoir de comptes à rendre à personne, il faut avoir envie de se plaire à soi-même, être dans le plaisir avec soi-même. C'est ce que fait Solange dans mon roman *La Dame en bleu*[1], cette cinquantenaire comblée qui, un jour, au gré d'une rencontre avec une vieille dame en robe de crêpe bleu, décide d'emboîter son pas lent, laisse tout tomber pour devenir une vieille dame en bleu et rend les armes. Je voulais l'appeler *La Déserteuse,* puisqu'elle rend les armes de la séduction pour vivre en paix, elle se débarrasse de tous les faux-semblants, du sexe obligé, elle fait en quelque sorte son objection de conscience. Il fallait bien sûr prendre ce roman comme un conte philosophique. Mais il faut reconnaître qu'il a énormément dérangé, c'était un discours totalement anti-consensuel, allant complètement à rebours du discours dominant. Mais il n'a pas dérangé tout le monde : j'ai reçu beaucoup de lettres de femmes de cet âge qui m'ont remerciée d'avoir écrit ce livre et m'ont avoué qu'elles n'avaient qu'une envie, c'était d'en finir avec tous ces efforts qu'elles font pour plaire encore.

1. Stock, 1996.

– Et vous, en ce qui vous concerne, aimez-vous cet âge ?

– Oui, parce que cet « entre-deux » me passionne. C'est dans ces moments de passage que l'on se sent le plus vivant. Je vis comme un émerveillement l'idée de ce que je vais devenir, je regarde mon corps avec émotion, comme ma *Dame en bleu* dont je dis qu'elle a de la tendresse pour tous les signes d'abandon de son visage et de son corps, je suis émue par sa transformation, un peu comme lorsque j'ai vu grandir mon fils. J'ai beaucoup profité de la vie, de ma propre apparence, du plaisir que j'en ai tiré. J'ai intensément vécu ce temps-là.

– Le vieillissement ne vous fait-il pas peur ?

– Non. Si le vieillissement me dépasse, je n'ai pas envie pour autant de m'en sentir victime. Je regarde donc cette transformation s'opérer avec un très grand intérêt intellectuel. J'ai très envie de devenir une vieille dame en bleu. Il faut arriver à être ami avec la fatalité. Si on ne se réconcilie pas avec l'idée qu'on est en train de vieillir, on ne peut pas accompagner son vieillissement, cette sorte de balancement entre l'être et le paraître. Ce tricotage entre l'âme et le corps est tout ce qui me plaît et c'est aussi tout ce chemin philosophique que j'avais envie de faire faire à mes lectrices de *La Dame en bleu.* Chacune doit avoir son petit talent pour aider à l'accompagnement. Moi, je le trouve dans l'écriture : la séduction qu'elle implique n'est pas de l'ordre du paraître.

– *Qu'est-ce que vous apporte le fait de vieillir ?*

– Je suis devenue plus tolérante, je n'ai plus envie d'avoir raison sur tout, j'éprouve même un délicieux sentiment lorsque je m'entends dire à quelqu'un : « C'est vrai, tu as raison. » Si on est capable de dire cela, c'est qu'on est capable de lâcher prise. Et c'est peut-être cela la vraie puissance que de ne pas vouloir à tout prix la prouver. Et puis j'ai un sens aigu du temps qui passe. Quand on sait qu'on n'a plus de temps à perdre, on a la pleine conscience des choses, on sait jouir de l'éphémère, on s'empare du temps. C'est ce que fait Marthe, mon héroïne de *La Femme coquelicot*[1] qui découvre le désir et la passion à 70 ans. Alors que « la dame en bleu » se débarrasse du sexe obligé, « la femme coquelicot » retrouve le sexe comme une jouissance volée, chapardée au destin. C'est délicieux. En vieillissant, il faut avoir de la compassion pour soi, de l'indulgence, de la bienveillance, mais dites ces mots aujourd'hui, et vous aurez l'air aussitôt d'être démodée.

1. Stock, 1997

La fin de l'omerta

Comme le disent Paul Léautaud et Noëlle Châtelet, il se pourrait bien que le fait de vieillir puisse être une aventure intéressante à vivre. Chassées de l'Éden de la jeunesse, rattrapées par l'âge, certaines femmes, nous l'avons vu, savent s'inventer un nouvel art de vivre. Mais cela reste l'affaire de chacune. Peut-on espérer que ce challenge individuel soit soutenu, encouragé par un nouveau regard de la société sur cet âge ? Malgré le tabou dominant qui règne sur le vieillissement en général et la cinquantaine des femmes en particulier, il semblerait bien pourtant que la société montre quelques signes de changement. Signes ténus parfois, mais positifs. Des indicateurs de changement apparaissent par-ci par-là et le bilan laisse quelque espoir...

La ménopause : on en parle

Qui parlait de la ménopause il y a dix ans ? Les médecins sûrement mais, en dehors des propos médicaux, silence. Silence pudique ou honteux. Alors, si les cinquantenaires d'aujourd'hui ne vivent pas comme leurs mères l'irruption de la ménopause dans leur vie, c'est bien que le contexte a changé. Entre la ménopause des baby-boomeuses qui ont eu

20 ans en 1968, qui ont expérimenté la pilule et la libération sexuelle, et celle de leurs mères qui n'ont connu que le secret autour de leur vie ovarienne, il existe une énorme différence : c'est qu'aujourd'hui on en parle, on s'y intéresse.

La ménopause est devenue au fil des ans une réalité à négocier, à gérer, elle n'est plus considérée comme une des lois de la nature à laquelle on ne pouvait que se soumettre. Mais il est vrai que le nombre fait loi. En 1996, 8 500 000 femmes françaises étaient ménopausées et 2 500 000 en « préménopause », ces chiffres étant, pour des raisons de baby-boom, en augmentation constante. La ménopause est aujourd'hui une affaire de santé publique.

Les médecins se réunissent en congrès, publient des livres et tiennent désormais un discours public qui rejaillit sur l'ensemble de la population tant la lutte contre le vieillissement mobilise les esprits. Il n'est que de voir la couverture médiatique obtenue par l'annonce des résultats positifs de la DHEA, cette fameuse hormone de jouvence [1]. Félicitons-nous aussi du fait que la France soit le seul pays européen à avoir inauguré l'expérience des centres de ménopause. Autrement dit, la ménopause est en train de sortir de la sphère très privée de l'intimité féminine pour devenir un phénomène que l'on commence à appréhender de manière collective. Et, même si le discours médical ne prend pas encore en compte la dimension psychologique, le fait est qu'on en parle, c'est nouveau et encourageant. Les magazines de santé (nous

1. Voir la presse quotidienne du mercredi 12 avril 2000.

l'avons vu dans les chapitres précédents) regorgent d'articles sur la ménopause, sur les bienfaits des traitements hormonaux de substitution. Les stations de radio, les chaînes de télévision y consacrent des émissions et ouvrent leurs antennes aux auditrices concernées. Les livres écrits par des gynécologues de renom commencent à déferler sur le marché de l'édition. Et les sites Internet fleurissent sur le Web. Les entreprises américaines organisent des séminaires pour leurs employées. Pour lutter contre d'éventuels malaises de leurs salariées, des entreprises, et non des moindres, comme Lévi-Strauss ou la Réserve fédérale, proposent des programmes d'information et de prévention sur le lieu de travail. Preuve que le sujet ne laisse pas indifférent : chez Sun Microsystems, un éditeur de logiciels, 60 % des employés qui ont assisté au séminaire étaient des hommes [1].

Reste que la problématique psychologique n'est toujours pas abordée : elle reste l'affaire individuelle de chaque femme. Et la manière dont les femmes vont vivre ce grand tournant de la vie, le gérer, le négocier, n'appartiendra qu'à elles, dans la solitude de leur être physique et psychologique.

Une reconnaissance « officielle » de la cinquantaine au féminin

Pour se sentir exister, rien de tel que d'entendre parler de soi. Le besoin de reconnaissance sociale

1. *Marie-Claire*, octobre 1999.

est une revendication commune à toutes les minorités. Femmes de 50 ans, gays, handicapés, même combat ? La comparaison est certes un peu radicale mais elle est néanmoins utile pour pointer ce que tout groupe social peut avoir de spécifique et d'homogène. Les statistiques présentent à cet égard une indication intéressante. Autrement dit, voyez un peu comment on vous compte et vous saurez qui vous êtes. L'analyse des chiffres et des statistiques émanant d'organismes officiels montre bien à quel point le choix des principes de « découpage » des Français et Françaises en fonction de l'âge est tout sauf neutre. Ils reflètent une vision du monde, une philosophie sociale. Nous allons voir que, si les choses commencent à évoluer sous l'effet de la poussée démographique et économique des baby-boomeurs, le mouvement de reconnaissance est amorcé.

Les statistiques officielles ont longtemps fait la coupure à 50 ans et occulté ainsi les différences et la complexité de cet ensemble. Par exemple, les statistiques de l'INSEE sur l'emploi étaient encore présentées fin 1999, sur le site Internet, en trois tranches : 15-24 ans, 25-49 ans, 50 ans et plus. On est amené à y voir l'idée que la vie est active de 25 à 49 ans et qu'elle est ensuite suivie d'un « après » sans contours. Les entreprises ont emboîté le pas des organismes et institutions officiels. Ainsi, ce qui n'était qu'un comptage dans un but de connaissance devint un choix de cible. Les études de marché se calant sur les statistiques ont ainsi rejeté les plus de 50 ans, ce troupeau indistinct et (donc ?) inintéressant. Jean-Paul Treguer, le spécialiste des plus de 50 ans, utilise à ce propos le terme de « génocide marketing ».

Bernard Pivot a publié un ouvrage[1] pour dénoncer la dictature de « la ménagère de moins de 50 ans » et le ghetto dans lequel, en conséquence, étaient enfermées les plus de 50 ans. « [Passé 50 ans] vous n'êtes plus rien... Aussi pouvez-vous retourner à votre condition de simple femme, sans qualification, sans séduction, sans intérêt ; aussi pouvez-vous réintégrer le troupeau des femmes dont il n'y a rien à dire, rien à espérer, puisque ce ne sont plus des cigales d'hypermarché. Pis, vous n'êtes plus distincte des hommes comme vous l'étiez avant d'avoir 50 ans. Femmes et hommes, après un demi-siècle de vie, c'est tout comme. » Cette guillotine à 50 ans avait bien sûr des raisons. Historiques, d'abord : la structure des statistiques encore utilisées de nos jours a été élaborée dans les années 1960 à une époque où l'espérance de vie était bien plus courte... À 50 ans, il restait environ quinze ans à vivre... En 2000, il en reste presque trente. Raisons culturelles ensuite : le jeunisme, et son corollaire, la peur du vieillissement, dont nous avons déjà longuement parlé. Mais ça bouge. Dans les années 1990, les acteurs économiques commencent à découvrir tout le potentiel jusque-là ignoré des seniors, notamment sous la houlette de Jean-Paul Treguer qui fait émerger l'intérêt pour les 50 ans et plus, « le nouvel Eldorado ». « Nombreux, de plus en plus nombreux, riches, de plus en plus riches... Voilà les

1. *Remontrance à la ménagère de moins de 50 ans*, *op. cit.*

seniors. » La domination financière et patrimoniale des 50 ans et plus ne fait que commencer. Et c'est ainsi que le monde économique commence à regarder les seniors d'un autre œil.

Effectivement, la classe des plus de 50 ans, jusque-là masse homogène, se structure. Les 50-59 ans émergent. Jean-Paul Treguer les appelle les « masters », maîtres de leurs dépenses (les prêts se terminent, les enfants s'en vont), maîtres de leur forme physique (les délabrements commencent à peine). Il illustre cette catégorie par des personnalités marquantes : Bill Clinton a 52 ans, Catherine Deneuve, Johnny Hallyday, Paul MacCartney en ont 57, Claire Brétécher 56, Tina Turner et Jane Fonda 59. Ils sont non seulement très « montrables », mais, en plus, ils sont riches. Aujourd'hui, c'est entre 50 et 59 ans – tranche d'âge dans laquelle le patrimoine net est aussi le plus élevé – que le revenu disponible par unité de consommation est le plus important[1]. Ils représentent 10 % de la population et 19 % du revenu. Et ils vont être de plus en plus nombreux. Mais on n'a pas encore tout vu. Une nouvelle tranche se prépare, celle des 30-60 ans, ce qui va révolutionner bien des choses. C'est ainsi que la VPC (vente par correspondance) structure désormais la

1. Par rapport à ce niveau de vie des jeunes seniors, celui des 60-69 ans se situe environ 3 % en deçà ; celui des 70-79 ans est en retrait de 5 % ; celui des 80 ans ou plus est inférieur de 15 %. Ne parlons pas des moins de 50 ans dont le revenu disponible par unité de consommation est 25 % plus faible que celui des 50-59 ans.

population[1] en : Enfants (moins de 15 ans), Jeunes (15-29 ans), Âge moyen (30-59 ans), Seniors (60 ans et plus). On peut faire confiance à la VPC : si le regroupement des âges moyens est ainsi effectué, c'est qu'il correspond à une réalité, du moins dans le domaine de la consommation.

La ménagère de moins de 50 ans aurait-elle donc vécu ? Ce n'est plus à prouver maintenant. La femme de la cinquantaine est intéressante et les responsables marketing et communication, en particulier dans le domaine de la cosmétique, de l'alimentation et de la santé, s'en sont aperçus. Un responsable de l'entreprise Beiersdorf explique que « Nivéa Vital a été l'une des premières marques ciblant les femmes de 50 ans dites “seniors”, en 1994 ». Une raison objective a poussé l'entreprise à innover : la peau n'a plus les mêmes besoins après 50 ans et le poids démographique des plus de 50 ans ne fait qu'augmenter.

Autre reconnaissance historique : Quintessence, la marque des femmes de 50 ans des Laboratoires Vichy. Le directeur du marketing de l'époque raconte : « La femme de 50 ans était une senior à 50 ans, mais c'est fini. Maintenant, on distingue 50 de 60 ans, c'est très différent. À 50 ans, une femme est jeune et active. » Il y aurait donc bel et bien là une émergence de la prise en compte de la femme de 50 ans, en tant que sujet intéressant économiquement.

1. Catalogues 2000.

Des signes d'audace

Malgré la culture dominante qui veut que l'on ne montre pas ce qui blesse, on assiste néanmoins à quelques représentations de la femme mature dans les annonces publicitaires. Rappelons-les pour mémoire : Nivéa Vital et sa femme aux cheveux blancs (trop blancs !), Weinberg et sa femme affirmée (presque insolente). Évoquons aujourd'hui L'Oréal avec Dayle Haddon et toutes les publicités américaines. Elizabeth Arden lance Millenium Energist, la crème qui résout le problème du manque d'énergie de la peau, en montrant une femme « marquée » de rides aux yeux et de grosses rides dites d'expression... Elle semble avoir une bonne cinquantaine. Promensil montre une femme de 50 ans beaucoup plus sophistiquée, une sœur d'Hillary Clinton ? Oil of Olaz joue le jeu clairement en montrant une femme magnifique mais ridée (yeux, bouche) avec la mention Evelyn Kuhn, âge 54. La loi de la provocation gouvernant certains choix publicitaires, on a vu des campagnes montrant une relation sadomaso, un amour un peu particulier avec un chien policier, une passion saphique, des condamnés à mort. Alors, à quand des femmes mûres pour des produits qui ne leur sont pas spécifiques ?

La mode s'y essaie. Dans la foulée des audaces, à côté des animaux ou des bébés traités comme des « accessoires », des vêtements lacérés, des corps scarifiés, tatoués... on a même vu des femmes d'un certain âge défilant sur les podiums. Ce n'est pas anecdotique parce que les créateurs ont un pouvoir d'influence important sur les systèmes de goûts et de valeurs. Quand Hermès prend des mannequins qui étaient célèbres il y a trente ans, qui ont donc aujourd'hui 50 ans et plus, quand une revue de mode américaine fait de même pour présenter des vêtements de créateur, il y a, par-delà le défi, une reconnaissance. Odile Lançon, créatrice de mode, le pressent : « Il y a peu de femmes de plus de 40 ans dans les journaux de mode mais on sent une envie de montrer des femmes moins jeunes. D'ailleurs, dans certains journaux très branchés, on en voit un peu. Cela pourrait devenir "hype". Le magazine *Elle* l'a proclamé : « Mode, show-biz, 50 ans, le nouvel âge d'or[1]. Le glamour n'a plus d'âge. Aujourd'hui, à 50 ans et des poussières, Lauren Hutton, Karen Graham, top models des années 1960, débutent une nouvelle carrière. Tout le monde les réclame, de la pub à la cosmétique, sans oublier la mode. » On peut toutefois se demander si on les réclame parce qu'elles sont belles ou tout bonnement parce qu'elles sont connues.

Alors, y viendrait-on vraiment ? L'œil se ferait-il au moins frais, au moins ferme, au moins jeune ? La personnalité, la « gueule » deviendraient-elles intéressantes ? Ce ne sont là que de petits signes, des amorces, des frémissements d'un changement espéré : la fin de l'omerta qui règne sur un âge

1. 15 mars 1999.

mal-aimé. À espérer, vraiment ? Oui, sans aucun doute et pas seulement pour les intéressées elles-mêmes. Car tout le monde aurait à gagner à la reconnaissance de cet âge, qu'on nomme l'entre-deux âges.

Et maintenant ?

Que les cinquantenaires soient intéressées au premier chef par la reconnaissance de ce qu'elles sont, c'est évident. Et c'est incontournable : nécessité démographique oblige. En 2010, elles – et ils – représenteront plus des deux tiers des seniors. C'est un nouveau cru de cinquantenaires qui arrive sur la scène séniorale et va entraîner une mutation de ce groupe d'âge : les soixante-huitards. L'image de la maturité ne peut qu'en être modifiée. « Nous sommes la première génération à se confronter à cette drôle de période que nous vivons de jeunesse/vieillesse, nous qui n'avons cru qu'en la jeunesse, dit Geneviève, psychologue. C'est un affrontement qu'il appartient pour l'instant à chacune de faire. On aborde cet âge-là individuellement et non de manière collective parce que personne d'autre ne parle de ce sentiment étrange de n'être ni jeune ni vieille. Et puis, ce qui est nouveau aussi, c'est que nous n'avons pas de repère générationnel. Pour nos mères, le fait d'avoir 50 ans les rangeait définitivement du côté de la vieillesse, elles n'ont pas vécu comme nous cet entre-deux, ni jeune ni vieux. » Un entre-deux qui reste à explorer et à exploiter. Car peut-être la reconnaissance de cet âge charnière est-elle aussi une chance à saisir pour l'ensemble du corps social. Serait-ce à dire que les baby-boomeuses ont la prétention de vouloir encore et toujours, à chaque nouvelle étape de leur vie, laisser l'empreinte de leur génération ? Elles ne lâcheront donc jamais le morceau ? C'est à espérer. Car tout le monde aurait à y gagner. Que de trésors d'expérience acquise, de lucidité, de savoir-faire et être, de connaissance de soi et des autres accumulés, qui pourraient profiter à tous...

Imaginez ce « meilleur des deux mondes » que peuvent construire les cinquantenaires avec les richesses d'une jeunesse encore proche et celle d'une maturité en voie d'épanouissement. Jadis, la sérénité était l'apanage de ceux qui étaient en retrait de la vie active. Sérénité rimait avec vieillesse. Aujourd'hui, elle est une valeur portée par ces jeunes-vieilles que sont les nouvelles cinquantenaires. À la croisée des chemins, plus tout à fait jeunes, pas tout à fait vieilles, encore dans la vie active, mais déjà avec un pied dans le bonheur d'un nouveau rythme, elles pourraient inventer « la cinquantenaire attitude », autrement dit « la sérénité active ». Loin du détachement généralement attribué à la sérénité, loin de l'investissement aveugle consacré à l'action. Un nouvel humanisme, dans lequel toutes les générations pourraient venir puiser. Oui, mais à ces seules conditions : qu'elles acceptent de dire haut et fort l'âge qu'elles ont, qu'elles acceptent de s'aimer dans ce nouvel âge et cette nouvelle vie qui se profilent, qu'elles s'affirment avec la petite ride au coin de l'œil et de la bouche, qu'elles redécouvrent la vertu du « non » qu'elles surent jadis si bien opposer à la loi du père. « Non, je ne raserai pas les murs », « Non, je n'obéirai pas aux interdits liés à mon âge », « Oui, je serai une femme magnifique, une femme de 50 ans magnifique, parce que vivante ». Certaines s'y emploient. Mais, pour l'instant, encore timidement. Alors c'est tout simple, il n'y a plus qu'à oser. Facile à dire. Mais le défi est lancé. Alors, mesdames les cinquantenaires, vous êtes attendues pour une nouvelle révolution.

Bibliographie

Agacinski Sylviane, *Politique des sexes*, Seuil, 1998.
Aubry Dr Françoise, *La Belle Cinquantaine*, Stock, 1998.
Beauvoir Simone de, *Le Deuxième Sexe*, Folio Essais, 1999.
Bellaïsch Jean, *L'Homme de 50 ans*, Denoël, 1990.
Chaussin Élisabeth et Mimoun Sylvain, *L'Univers masculin*, Seuil, 1995.
Canault Derclel, *Comment paie-t-on les fautes de ses ancêtres*, Brouwer, 1998.
Chaby Lucien, *La Ménopause*, Flammarion, 1999.
Chaine Caroline, *Le Petit Livre de la ménopause*, Odile Jacob, 1998.
Châtelet Noëlle, *Corps sur mesure*, Seuil, 1998 ; *La Dame en bleu*, Stock, 1996 ; *La Femme coquelicot*, Stock, 1997. *Le Corps à corps culinaire*, Seuil, 1998.
Colette, *La Naissance du jour*, GF Flammarion, 1981 ; *Chéri*, Calmann-Lévy ; *La Fin de Chéri*, Calmann-Lévy.
Duhamel Françoise, *Souvenirs, souvenirs*, Albin Michel, 1997.
Elia David, *Le Bonheur à cinquante ans*, Robert Laffont, 1997.
Fabre Philippe, *La Peau sous influence*, Bayard, 1999.
Fischer Gustave Nicolas, *Le Ressort invisible*, Seuil (Psychologies), 1994.
Fondation nationale de gérontologie, *Grandir et vieillir. Parlons ans*, 1996.

Forette Françoise, *La Révolution de la longévité*, Grasset, 1997.
Fourgnaud Agathe, *La Confusion des rôles. Les Toujours-Jeunes et les Déjà-Vieux*, J.-C. Lattès, 1999.
Giroud Françoise, *Les Françaises*, Fayard, 1999.
Greer Germaine, *The Change*, Penguin, 1992.
Gueydan Madeleine, *Femmes en ménopause*, Eres, 1991.
Habib Claude, « Souvenirs du féminisme », in *Esprit*, 1988.
Hamon Hervé et Rotman Patrick, *Génération*, Seuil, 1987.
Harmel Véronique, *Inventez votre ménopause*, Éditions Jeunesse, 1996.
Hennezel Marie de, *L'Art de mourir*, Robert Laffont, 1997.
Horrigan Bonnie J., *Red Moon Passage*, Three Rivers Press, 1996.
Jong Erica, *La Peur de l'âge*, Grasset, 1996.
Kepes Suzanne et Thiriet Michèle, *Femmes à 50 ans*, Points actuels, 1986.
Le Goff Jean-Pierre, *Mai 68*, La Découverte, 1998.
Maure Huguette, *La Cinquantaine au féminin*, Calmann-Lévy, 1988.
Mitz Vladimir, *La Chirurgie esthétique*, Flammarion, 1995.
Montreynaud Florence, *Le XXe siècle des femmes*, Nathan, 1999.
Moatti-Gornet Danièle, *Qu'est-ce qu'une femme ? Traité d'ontologie*, L'Harmattan, 1999.
Picq Françoise, *Les Années mouvement. Libération des femmes*, Seuil, 1993.
Olivenstein Claude, *Naissance de la vieillesse*, Odile Jacob, 1998.
Onfray Michel, *Théorie du corps amoureux. Pour une érotique solaire*, Grasset, 2000.
Pivot Bernard, *Remontrance à la ménagère de moins de 50 ans*, Plon (Tribune libre), 1998.
Remaury Bruno, *Le Beau Sexe faible. Les images du corps féminin entre cosmétique et santé*, Grasset/*Le Monde*, 2000.

Remy Jacqueline, *Nous sommes irrésistibles. Autocritique d'une génération abusive*, Seuil, 1990.
Robert Ladislas, *Le Vieillissement. Faits et théories*, Flammarion (Domino), 1995.
Schaeffer Jacqueline, *Le Refus du féminin, la sphinge et son âme en peine*, PUF, « Épîtres », Paris, 1997 ; « Que veut la femme ? ou le scandale du féminin », in *Clés pour le féminin (femme, mère, amante et fille), Débats de psychanalyse*, Paris, PUF, 1999.
Singer Christiane, *Les Âges de la vie*, Albin Michel, 1984.
Sheehy Gail, *The Silent Passage*, Pocket Books, 1998.
Simon Dr Pierre, *La Femme de 40 ans*, Hachette, 1982.
Treguer Jean-Paul, *Le Senior marketing*, Dunod, 1998.

Femmes, médecins et ménopause, Berger-Levrault, 1999.
Le Siècle rebelle, Dictionnaire de la contestation au XXe siècle, Larousse, 1999.
« Simone de Beauvoir et la lutte des femmes », *L'Arc*, n° 61.

Remerciements

Nous tenons tout spécialement à remercier :

- nos maris qui ont tenu bon
- la jeune Aurélie qui n'a pas fui
- Monique Mesnil et Françoise Bouzitat qui ont provoqué l'étincelle
- Nelly et Camille qui ont beaucoup ri
- les femmes interviewées qui ont osé tout dire
- les experts qui nous ont éclairées
- les amis, hommes et femmes, qui nous ont soutenues.

Table

OUVRAGE D'ÉLISABETH WEISSMAN

Les filles, on n'attend plus que vous,
Guide pratique et polémique à l'égard de celles qui s'interrogent sur leur engagement en politique,
Éd. Textuel, 1995

La composition de cet ouvrage
a été réalisée par
I.G.S. - Charente Photogravure à l'Isle-d'Espagnac,
l'impression et le brochage ont été effectués
sur presse Cameron
dans les ateliers de ***Bussière Camedan Imprimeries***
à Saint-Amand-Montrond (Cher),
pour le compte des Éditions Albin Michel.

Achevé d'imprimer en décembre 2000.
N° d'édition : 19530. N° d'impression : 005828/4.
Dépôt légal : décembre 2000.